滑雪场
运营管理实务

主　编　魏忠发　宋　非
副主编　田明爽

辽宁教育出版社
·沈阳·

© 魏忠发　宋非　2023

图书在版编目（CIP）数据

滑雪场运营管理实务 / 魏忠发，宋非主编. —沈阳：
辽宁教育出版社，2023.12（2024.4 重印）
ISBN 978-7-5549-4015-0

Ⅰ.①滑… Ⅱ.①魏… ②宋… Ⅲ.①雪上运动—场
地—运营管理 Ⅳ.①G863.1

中国国家版本馆CIP数据核字（2024）第018629号

滑雪场运营管理实务
HUAXUECHANG YUNYING GUANLI SHIWU

出品人：张　领
出版发行：辽宁教育出版社（地址：沈阳市和平区十一纬路25号　邮编：110003）
　　　　　电话：024-23284410（总编室）024-23284652（购书）
　　　　　http://www.lep.com.cn
印　　刷：辽宁盛通印刷有限公司

责任编辑：白径遥
封面设计：意·装帧设计
责任校对：王　静
幅面尺寸：185mm×260mm
印　　张：13
字　　数：270千字
出版时间：2024年1月第1版
印刷时间：2024年4月第2次印刷

书　　号：ISBN 978-7-5549-4015-0
定　　价：79.00元

前　言

2022 年，北京冬奥会、冬残奥会胜利举办，举国关注，举世瞩目。习近平总书记指出，"三亿人参与冰雪运动"成为现实，人民群众获得感显著增强。北京冬奥会、冬残奥会的筹办举办推动了我国冰雪运动跨越式发展，冰雪运动跨过山海关，走进全国各地，开启了中国乃至全球冰雪运动新时代。

滑雪作为冰雪运动的重要组成部分，也借着北京冬奥会、冬残奥会的东风，越来越受到人们的喜爱和青睐。滑雪运动既是一项专业的体育运动，也是一项令无数爱好者着迷的休闲活动。自 20 世纪 80 年代以来，一批滑雪场地和配套设施陆续在我国东北、华北、新疆等地建设起来。1996 年第三届亚洲冬季运动会于哈尔滨举行后，我国大众滑雪活动进入了一个快速发展阶段，滑雪运动成为一项极具发展潜力的旅游活动。除传统的资源优势区域——东北外，华北、西北、西南，甚至东南沿海地区也陆续开始实施建设一批室内外滑雪场地。

但是，由于我国滑雪运动起步比较晚，在滑雪场经营管理实践方面还存在许多困境和亟待改善的地方。恰逢 2022 年北京冬奥会契机，一批新的滑雪场地陆续建成并投入运营。鉴于此，本书汲取滑雪场运营管理方面优秀的理论和经验，试图从初识滑雪场和滑雪场运营管理、滑雪场的开发和建设、滑雪场岗位实践、滑雪场运营管理策略、滑雪场四季经营模式探索、滑雪场运营与管理个案分析等几个方面入手，对滑雪场的运营与管理进行系统阐述，以期为提高我国滑雪场的运营与管理水平提供借鉴和帮助。同时，本书还设置"学习目标"和"知识链接"模块，为学生提供课前引导和课外知识拓展。

本书由辽宁职业学院和辽阳弓长岭温泉滑雪场校企合作完成。具体编写分工如下：魏忠发：第一章、第二章、第四章、附录，宋非：第三章、第五章、第六章，田明爽：提供素材。

本书是编者在多年工作、学习过程中，结合工作实践和日常理论学习累积思考的结晶。本书在编写过程中参考了一些专家、学者的理论成果，借鉴了许多优秀滑雪场的管理经验，在此深表感谢！由于时间仓促，书中难免会出现一些不妥之处，敬请广大读者批评指正。

编者

2023 年 10 月

目　录

第一章

初识滑雪场和滑雪场运营管理

 学习目标

1. 了解滑雪运动的起源和发展；
2. 了解滑雪场不同模式特征和中国滑雪场概况；
3. 掌握滑雪场整体运营模式。

第一节　滑雪运动

一、滑雪运动的起源

"滑雪"（skiing）一词始于古挪威语 skith（即"雪鞋"之意）。滑雪运动起源于欧亚大陆北部极度寒冷的地区。人们为了在这种恶劣的自然环境下求得生存，用皮带把大片兽骨绑在皮靴上，作为滑雪的工具，以便在浩瀚的林海雪原中任意驰骋、追寻猎物，从事生活生产活动。

据史料记载，滑雪起源于北欧的挪威。据考证，早在 5000 年前，在北欧、西伯利亚等地已有人滑雪。在挪威境内的北极圈附近，曾发现 4000 年前的一块石刻，刻有两人滑雪的简单构图，挪威国家滑雪博物馆还收藏着 1600 年前的滑雪用具。在北欧，滑雪项目是斯堪的纳维亚国家挪威、瑞典、芬兰等国的传统优势项目，高山滑雪项目是阿尔卑斯山脉国家法国、意大利、奥地利、德国、瑞士等国的传统优势项目。其他滑雪运动开展得好的国家有美国、加拿大、俄罗斯等。

中国滑雪运动的历史也很悠久。据《通典》记载："其国猎兽皆乘木马，升降山磴，追赴若飞。""在北庭北海南，结骨东南，依山散居。去敦煌九千余里。有渠帅，无王号，户三千余。其人雄健，能射猎。"书中反映早在隋唐时期，阿尔泰山脉地区就有滑雪狩猎的居民。居住在阿尔泰山北的结骨人、贝加尔湖南的拔悉弥都有乘木马狩猎的习俗，史书中形象地将滑雪板称为"木马""骑木"，滑雪叫作"乘木马"。《新唐书》中也有我国东北和西北等地区的少数民族借助雪上滑行从事狩猎和生产劳动的记载。

近年来，我国考古学家和滑雪专家组成的科考队，在国外学者对新疆维吾尔自治区阿勒泰地区滑雪活动研究的基础上，对阿勒泰地区滑雪活动进行了艰苦的科学考证，论证了距今至少一万年前，阿勒泰的先民们就开始了滑雪狩猎活动，据此，阿勒泰地区是人类滑雪最早的起源地。

知识链接

滑雪的起源

崇山峻岭，茫茫雪原，两块薄薄的滑雪板，两根滑雪杖，自由徜徉于雪白世界之中，体验极速带来的激情，感受寒冬别样的美景……这就是时尚、动感而又健康的运动——滑雪。

滑雪是冬季最佳的运动项目之一，下自垂髫少年，上至花甲老人，不分男女，人人都可参与。这项运动对人的头、颈、手、腕、肘、臂、肩、腰、腿、膝、踝等部位都能起到非常有效的锻炼作用，使得身体的柔韧性增强。同时，滑雪属于有氧运动，能够增强心肺功能。据科学研究表明，一个正常速度的滑雪者1小时消耗的热量为734卡，相当于在1小时内跑步9.5千米消耗的热量。另外，因为冬天的天气寒冷、日照时间短，容易让人变得心情不好、忧郁沮丧、易疲劳、注意力分散、工作效率下降，而滑雪作为一种充满了激情与动感的室外运动，自然是驱散冬日抑郁心情的最佳方式。

谁能想到，这样一种时尚而又健康的运动，其起源竟与人类祖先的劳动实践活动有关呢？学者们证明，滑雪运动一开始是人类为了便于在雪地里行走、打猎、运输物资而创造的。在瑞典，人们发现了约4500年前人类使用过的滑雪板；而在挪威的一块距今2500余年的岩刻画上，考古学家发现了穿着巨大滑雪板滑雪的人物画像。由此，世界上曾经公认的说法是，滑雪运动的起源地是瑞典和挪威。

图1-1　在阿勒泰发现的滑雪狩猎图

然而，这一观点在2006年被改变。2006年1月16日，经考古界、滑雪界及史学界的专家们会谈研究后，中国滑雪协会顾问单兆鉴代表相关专家郑重宣布：中国新疆阿勒泰地区是人类滑雪最早的起源地。这一观点将滑雪运动的起源时间提前了约5000年。

二、滑雪运动的发展

（一）世界滑雪运动的发展

滑雪是一项古老的冬季运动，是早期人类生存的一项技能，当今已发展成为世界各国大众广泛参与的体育运动。目前，滑雪运动在欧洲、北美洲、东北亚等地区成为民众冬季体育活动和消费的主要体育项目。大众滑雪产业的蓬勃发展，带动了相关产业的发展，成为"黄金产业链"，在奥地利、瑞士、挪威、美国、加拿大、日本等国家集多功能于一身的大规模滑雪场已经得到了成功的发展，滑雪及其相关产业已经成为这些国家经济发展的重要支柱产业，其中日本的滑雪服装业，奥地利的滑雪器材业，德国、美国、加拿大的滑雪机械业，瑞士的滑雪用品等，已经形成了国际滑雪相关产业、产品的"名牌"。全世界每年在滑雪及其相关产业产生的经济效益达数千亿美元。

（二）中国滑雪运动的发展

我国滑雪运动有着悠久的历史，早在中国古代，以生产、生活、军事等活动形式开展的滑雪运动就已存在。我国古代滑雪运动受气候、地域限制，主要在东北和西北地区开展。纵观我国冬季运动发展历史，受季节、气候、地域等条件限制，滑雪运动主要在边疆、边远地区得以传播，在我国体育文化历史中主要以边缘文化形态在少数民族中开展。明朝时期，主要在北方开展，中原地区在滑雪运动传播中起到了重要的桥梁作用。清代，随着满族人入主中原，冬季运动作为军事训练和娱乐活动逐渐得到更大范围的流传，但传统的滑雪、滑冰运动等逐渐退出历史舞台，我国现代的滑雪运动主要是在此基础上形成和发展起来。

20世纪30年代初期，近代滑雪运动在中国初步开展。中华人民共和国成立后，近代滑雪与中国古老滑雪运动的变革相结合，以东北地区为主逐步开展起来，群众的表演活动，地方区域性的比赛日趋活跃。1957年，中国第一次全国滑雪比赛在吉林省通化市举行，拉开了现代滑雪竞技的序幕。1959年，在吉林省吉林市举行了全国第一届冬季运动会。1980年，中国代表团赴美国参加第13届冬季奥运会，这是中国滑雪运动员第一次参加冬奥会，打开了中国滑雪运动与国际交往的渠道。

随着国内人民生活水平的提高，以及滑雪运动所具有的刺激性和强身健体的功能，近几年滑雪运动逐渐褪去"贵族运动"的外衣，成为一项深受广大民众喜爱的运动。滑雪运动的发展带动了滑雪产业的勃兴。中国滑雪市场诞生于1996年，以亚布力旅游滑雪场（风车山庄）的建立为标志。中国的滑雪产业经过20多年的积累和发展，目前正处于较快发展时期。2000年之前，滑雪场只分布在黑龙江和吉林两省，2000年之后北京开始出现了滑雪场，这对滑雪产业在全国的整体发展起到了促进作用。

虽然中国滑雪产业起步晚，但其独特的资源优势，如人口基数庞大、人们生活理念的改变、国家政策的支持、冬奥会举办等因素，给这一领域带来了巨大的市场潜力。"带动三亿人参与冰雪运动"是中国向国际社会履行的庄严承诺，2022年北京冬奥会开幕前，中国就已成功兑现。北京冬奥会闭幕后一年间，冬奥场馆相继面向公众开放，冰雪赛事精彩纷呈，冰雪产业稳步发展，全民冰雪热情持续高涨。这将推动大众滑雪运动蓬勃开展，提高人民的健康水平，进一步发展壮大我国的滑雪产业。

三、滑雪运动的分类

滑雪运动从历史沿革角度可划分为古代滑雪、近代滑雪、现代滑雪；从滑行的条件和参与的目的可划分为实用滑雪、竞技滑雪、大众滑雪和探险滑雪。实用滑雪用于林业、边防、狩猎、交通等领域，现多被机械设备替代，逐渐失去昔日的应用价值。竞技滑雪将滑雪升华为在特定的环境条件下，运用比赛的功能达到竞赛的目的。大众滑雪和探险滑雪是适应现代人们生活、文化需求而发展起来的滑雪类型。

（一）实用滑雪

实用滑雪是指应用于人们日常生活和生产劳动中，与人类生活密切相关的滑雪运动。它包括狩猎、交通运输、通信和军事战争等。随着现代滑雪运动的兴起，实用滑雪逐渐被现代滑雪运动的竞技滑雪、大众滑雪和探险滑雪所取代。

（二）竞技滑雪

竞技滑雪是以竞赛为目的的滑雪运动。竞技滑雪要求运动员具备良好的身体条件和训练水平，经过长期的系统训练，以在比赛中取得优异成绩为目的。19世纪末至今的100多年来，竞技滑雪运动得到了飞速发展。1924年，国际滑雪联合会成立。在当年举行的第一届冬季奥运会中，正式滑雪比赛项目有越野滑雪、跳台滑雪、北欧两项，现在冬季奥运会的滑雪比赛项目正在不断增加。

（三）大众滑雪

大众滑雪是以健身和娱乐为目的的群众性滑雪运动，也称休闲滑雪运动。大众滑雪项目包括高山滑雪、越野滑雪、单板滑雪、自由式滑雪的雪上技巧（Mogul）、泰利马克滑雪等。大众滑雪在欧洲和北美洲开展较早，也非常普及，已经有上百年的历史。以位于欧洲阿尔卑斯山脉地区的法国为例，每年冬季的滑雪人数多达700多万。亚洲的日本和韩国开展大众滑雪比较早，而中国、印度、伊朗、叙利亚、黎巴嫩和阿联酋等国在20世纪的后期才逐步开展此项运动。目前，我国的大众滑雪运动正处在迅速发展的阶段。

（四）探险滑雪

探险滑雪是人们为了超越自我、征服大自然，甚至寻求刺激而开发的滑雪项目，如极地滑雪等。近年来，许多探险滑雪项目由于参与人数增多和规模不断扩大，正逐步演变为正式的竞技滑雪项目，如登山滑雪、定向滑雪等。

1. 登山滑雪

登山滑雪隶属于国际登山联合会的"登山滑雪"运动，是越野滑雪、高山滑雪、极限滑雪和攀登雪山技术的综合竞技。它包括个人、团体和团体接力等比赛项目。常规比赛有欧洲杯个人赛、世界杯个人赛、欧洲杯团体赛、世界杯团体赛、世界锦标赛、国际公开赛等。登山滑雪竞赛一般在海拔 4000 米以下，高度差在 600～2000 米的自然雪山上进行。登山滑雪的专用装备除了滑雪器材以外，还有雪崩探测器、雪铲和不少于 20 kg 的背包等。

2. 定向滑雪

定向滑雪是由定向越野滑雪演变而来的滑雪项目，是国际定向运动联合会正式承认的比赛项目之一，包括个人、团体和接力等比赛项目。定向滑雪在东欧国家十分流行。许多高山滑雪、越野滑雪和冬季两项的优秀运动员同时也是定向滑雪的高手。

3. 极限滑雪

极限滑雪是富有挑战性的运动项目。ESPN 极限运动会分为夏季和冬季两个运动会，是由美国有线电视网创意并组织举办的，经过多年的发展已经成为世界上备受欢迎的极限运动盛会之一。ESPN 极限冬季运动会滑雪项目包括花式滑雪（Fancy skiing）、空中技巧（Aerial skiing）和坡道滑雪（Downhill ski）等。

第二节 滑雪场概述

一、滑雪场概念

《中国滑雪场所管理规范》中对滑雪场的定义作出过明确规定：向社会开放的，能够满足人们进行滑雪训练、竞赛、健身娱乐等活动的场所，特定的经过修建可供滑雪专用的区域，简称滑雪场。大到容纳多种项目、多种滑雪道，小到只有一条滑雪道，只要满足以上标准都可以称为滑雪场。

二、滑雪场主要类型模式

（一）超级滑雪度假区模式

这种模式的滑雪场主要为旅游产业服务，在初期选址方面，多利用自然环境本身条件，选取山峦较多，海拔较高的山峰，借助山与山之间的连接，延长滑雪场的跨度。同时这种模式的滑雪场对于软、硬件设施都有较高的要求，通常雪道数量庞大，索道运载能力强，住宿设施较集中，同时建有乡村式或别墅式居住区，并配套有酒吧、健身房等其他服务设施。

1. 特点

（1）滑雪场规模大，雪道数量多

采用这种开发模式的滑雪场，通常占地规模大，拥有至少两处以上的主要山峰，可以利用自然环境的山峦起伏建设雪道，山峰之间以高速索道相连。造雪设施完善以弥补降雪不足时所需的用雪量。雪道等级分布合理，数量较多，长度、坡度理想，满足不同滑雪者的滑雪需求，甚至还有为滑雪发烧友提供未经人工修整过的天然雪铺成的野雪道。同时滑雪场设有滑雪学校，可以为初学者及各滑雪级别的游客提供服务。

（2）索道种类多，运载能力强

大规模、多类型的雪道，意味着需要配备足够的索道设施，以便快速将滑雪者安全、有效地输送到所需地点。通常这类滑雪场索道数量庞大，种类繁多，运载能力强，有些甚至达到一条雪道配备一条索道，大大提高了滑雪场的运载能力与速度，为滑雪者节省了大量的运载时间。

（3）配套设施完善

为了满足雪季期间大规模滑雪者的餐饮、休闲需求，这类滑雪场通常配套设施完善，为滑雪者提供充足的餐饮、住宿、交通等各项服务，有些还配套提供各类休闲娱乐等服务项目，让游客在体验滑雪乐趣的同时，全方位享受休闲度假的惬意。这种模式的高山滑雪场在软、硬件设施上均有较强的接待能力，可极大地带动周边地区的经济发展。

（4）分包经营，统一管理

由于滑雪场规模庞大，为了减少管理系统庞大造成的沟通阻滞、效率低下，国外高山滑雪场在建设规模及后期运营管理等方面也已形成一套行之有效的理论。将滑雪场按分区分包给不同的公司经营，这些公司负责自己管辖区域内的设施维护和改善，但同时又都归属于滑雪度假区统一管理。这样不仅可以形成公司间的良性竞争，同时又在经营和管理上形成紧密联系。滑雪者仅购买一张索道票，就可以从一个峡谷滑到另一个峡谷，真正享受大规模滑雪场完善的配套设施所带来的快感。

2．案例——日本苗场超级滑雪度假区

日本苗场超级滑雪度假区占地面积较大，利用自然环境的山峦起伏建设雪道，两座主要山峰高度分别为 2029 m 和 1789 m，为了使两座山峰能够相连，便于滑雪者更换雪道，两座山顶间以一条高速索道进行连接，索道全长达到 5481 m，全程大约需要 15 分钟。滑雪场整体跨度大，横向跨度达到 25 km。雪道建设多依靠自然山峰坡度，数量达到 63 条，其中包括初级雪道 39 条、中级雪道 14 条、高级雪道 10 条，此外还提供未经人工修整过的天然雪铺成的野雪道。滑雪者可以通过雪场发放的宣传册明确各条雪道的级别，任何技术级别的滑雪爱好者都可以在这里体验到滑雪的乐趣。

另外，滑雪场的索道设施配备完善，基本达到一条雪道配备一条索道，并且索道以运载能力较强的吊椅和吊厢为主，设有拖牵式索道，大大节省了滑雪者上山的时间。同时苗场高山滑雪度假区还很重视配套服务设施的建设，在山脚处设有多处休闲广场，为游客提供咖啡、啤酒等的休闲和用餐场所，方便、省时，而且缓解了用餐高峰期宾馆和餐厅的用餐压力。滑雪场共有 8 个停车场、6 家星级宾馆以及为个人提供的家庭旅店，并且还为游客提供温泉等服务设施。

（二）竞技滑雪场模式

随着竞技体育影响力的逐步提高，承办国内外赛事尤其是国际赛事对于承办国家和城市的政治、经济、文化发展都将产生不可估量的影响。

竞技模式的滑雪场在建设和经营上可以参考超级滑雪度假区模式，不同之处在于它还需要为国内外赛事提供服务，服务人群更加专业化，因此相对来说在软、硬件设施配套上要求更高。赛事级别可从冬奥会、世界杯到国内赛事，因此要求滑雪场在建设初期的规划方面就要有合理的定位，不仅硬件设施要达标，还要有完善的接待能力，能够容纳大量运动员、教练员、观众以及新闻媒体工作者。竞技模式滑雪场在无赛事期间也可以为旅游服务，这将避免大量的资源浪费，创造更多的经济价值。

1. 特点

（1）选址

通过分析历届冬季奥运会举办地可以得出，承办大型国际赛事的地区正发生着转变，主要城镇占到50%，冬季运动胜地占40%。可以看出竞技模式的滑雪场一般都选在距离城市较近的城镇，交通便利，还可以建设能容纳大量运动员的运动员村，同时周边配套设施较完备。

（2）雪道建设

国际高山滑雪赛事包括多个小项，其中又分男、女比赛项目，因此对雪道的坡度和长度要求不尽相同。根据国际雪联高山滑雪实施规则和指南，不同级别的赛事对雪道的垂直高差要求是不同的。因此，竞技模式的滑雪场在建设之初，就应结合国际、国内比赛标准进行选址和规划设计。

另外，滑雪比赛有可能在夜间举行，故竞技模式的滑雪场雪道建设除了要考虑坡度、落差等因素外，还需要考虑夜间照明设施。根据国际雪联对国际高山滑雪竞赛规则的灯光设计要求，在灯光设计上要做到：①线路上的任何灯光在地面测量应不低于80 lx，灯光应尽可能一致；②要求泛光灯的安装不得使灯光改变雪道的表面形态，灯光应给运动员表现确切的地形，而不应改变深度感和精度；③灯光不应将运动员的身影投射在比赛线路上，也不应使运动员感到炫目。

（3）服务设施

通常在承办国际级赛事时，滑雪场内包括运动员、教练员、随队医生、新闻媒体等工作人员，可能同一时间会聚集上千甚至上万人。因此，对滑雪场的餐饮、住宿医疗、保健、对外信息联络、交通等配套服务都是一个挑战，同时还要设有新闻中心，方便媒体工作。因此，该模式的滑雪场对各类服务设施均有较高的要求。

（4）医疗、安保设施

大型运动会的安全保障、医疗救助工作是不可缺少的重要环节之一。这种模式的滑雪场相较于其他模式的在安全保障、医疗保障等方面要更为复杂。影响体育赛事成功举办的潜在危险可分为自然灾害和人为灾害两大类。自然灾害包括冰雹、雷电、地震、雪崩、飓风等，而人为灾害包括恐怖袭击、赛会期间的社会治安、疾病、火灾、交通事故、交通拥堵、城市工业污染、运动场馆的设计及建筑安全问题、供电问题、网络信息系统问题、体育事故等。

2. 案例——2022 年北京冬奥会

2022 年北京冬奥会共接待了来自 91 个国家和地区的 2880 名参赛运动员，为了更好地做好各项接待服务工作，北京冬奥会共设有 3 个奥运村，分别是北京冬奥村、张家口冬奥村和延庆冬奥村。冬奥村居住区内设置运动员餐厅、诊所、反兴奋剂中心、健身中心、休闲娱乐中心、居民中心、代表团团长大厅、NOC/NPC 服务中心、安保指挥中心等。比起豪华的设施，这次冬奥会的理念是"以文化、服务为中心"，提供围绕运动员生活方面包括清洁、保洁、失物招领等各种 24 小时服务，非常人性化。在小区中设置的中国文化大厅，收录了多种中国文化体验 + 历史讲解，以"简洁 + 富有体验性"的方式让外国运动员更多地了解中国文化。

图 1-2　北京冬奥村

北京冬奥会首次实现了 5G + 4K、5G + 8K 超高清电视转播，特大 8K 超高清地面显示系统，人工智能实时捕捉技术，二氧化碳跨临界直冷制冰技术等众多科技新技术、新成果。为备战冬奥，我国建立了世界最大的跳台滑雪风洞实验室，在山地赛场进行分钟级、百米级的精准气象预报服务，国产智能雪蜡车、便携式智能翻译设备、各类智能机器人等，成为北京冬奥会上一道道亮丽的风景线。科技不仅支撑着精彩、非凡、卓越的北京冬奥会，而且展现出开创奥运未来的美好前景和希望，为国际奥林匹克运动的发展注入了强大的科技力量。同时，北京冬奥会已成为迄今为止收视率最高的一届冬奥会，在国际奥委会官方社交媒体上，超过 27 亿人参与北京冬奥会话题讨论；主转播商奥林匹克转播服务公司（OBS）制作视频时长超 6000 小时，创下了冬奥会的历史纪录。

（三）家庭滑雪场模式

家庭模式的滑雪场主要针对不便远行又热爱滑雪运动的老人和小孩提供服务，一般距离市区较近。雪道坡度不大，长度适中，索道运载能力较弱，而且数量有限。造雪设施相较于前两种模式的滑雪场也减少很多，但对夜晚照明设施有较高的要求，可以为下班后以家庭为单位的滑雪爱好者服务，使他们不必驾车到郊区就可以开展滑雪运动，省时、方便。这一模式的滑雪场的特点主要包括：

1．选址

家庭模式的滑雪场服务人群明确，主要为老人、小孩及由于工作原因不能去外地滑雪的人群。因此，这种模式的滑雪场在初期规划的选址方面通常会选在市区周边或离市区较近的地方，规模不大，交通便利，以便滑雪爱好者在工作之余可以随时开展滑雪运动。

2．雪道、索道建设

家庭模式的滑雪场由于主要面对家庭市场，考虑到选址主要在市区附近，可利用的自然环境较少，山峰坡度不高，同时由于老人和小孩的运动能力相对较低，因此，在雪道建设上应该以初级雪道为主。同时，由于这种模式的滑雪场建设规模不大，接待能力不高，因此在雪道和索道的需求上相对较低，数量和级别也较少，极大地减少了滑雪场的运营成本。

3．服务设施

家庭模式的滑雪场接待的多是当地居民，以短时滑雪爱好者为主，通常都无须住宿和餐饮服务。但为了方便游客休息及租换雪具，需要建有休息大厅。休息大厅面积无须过大，但要与雪道保持一段距离，防止游客冲撞受伤。

三、滑雪场组织结构及一般职能

组织结构在企业中十分重要，企业的经营和管理是围绕组织结构开展的，而组织结构又是由公司规模、经营项目、业务关系决定的，清晰的组织结构可以使员工岗位职责明确、工作效率更高。

滑雪场的组织架构是一个复杂而协调的体系，各部门之间紧密合作，以共同为滑雪爱好者提供一个安全、舒适、高品质的滑雪体验为宗旨。总经理办公室是滑雪场的核心部门，负责制定和实施整体战略规划，管理和协调各个部门的工作。除总经理办公室外，滑雪场的组织架构还有人力资源部、财务部、市场营销部、运营管理部、滑雪学校、安全巡逻队伍和客户服务部等部门，每个部门在滑雪场的运营中都发挥着重要作用，相互协作，共同推动滑雪场的发展。通过不断完善组织架构，滑雪场可以提供更好的服务，满足滑雪爱好者不断增长的需求。

（一）人力资源部

人力资源部负责招聘、培训和管理滑雪场的员工。他们根据滑雪场的需求，制定招聘计划，并与市场营销部门合作，进行招聘宣传。在员工入职之后，人力资源部还负责人员培训，包括滑雪技术培训、安全培训等，以提高员工的专业素质和服务水平。

（二）财务部

财务部负责滑雪场的财务管理和预算控制。他们负责制定滑雪场的财务计划、核算收入和支出、编制预算等。财务部还负责与供应商、客户进行财务沟通和结算，确保滑雪场的经济效益和财务稳定。

（三）市场营销部

市场营销部负责滑雪场的市场推广和销售工作。他们根据滑雪场的定位和目标群体，制定市场营销策略，包括广告宣传、促销活动等。市场营销部还负责与旅行社、酒店等合作，组织滑雪旅游产品，并开展市场调研，以保持滑雪场的市场竞争力。

（四）运营管理部

运营管理部是滑雪场的核心运营部门，负责滑雪场的日常运营和设施管理。他们负责制定滑雪场的运营计划、安排滑雪课程和活动并协调各项资源，确保滑雪场的顺利运营。运营管理部还负责维护滑雪设施的安全性和完好性，定期进行设备维修和检查，以保障滑雪场的安全和顾客体验。

（五）滑雪学校

滑雪学校是滑雪场非常重要的一部分，负责为顾客提供滑雪教学和指导、人员培训与管理等。滑雪学校中的滑雪教练团队通常由经过专业培训和认证的教练组成，他们具备丰富的滑雪技术和教学经验。滑雪教练团队与运营管理部门密切合作，根据顾客的需求和水平，安排滑雪课程和活动，提供个性化的教学服务。

（六）安全巡逻队伍

安全巡逻队伍是滑雪场的安全保障力量，负责保护滑雪者的安全。他们巡视滑雪场的各个区域，及时发现和解决安全隐患，及保障滑雪者的人身安全。安全巡逻队伍还负责与滑雪教练团队和运营管理部门合作，制定和执行安全措施，确保滑雪场的安全运营。

（七）客户服务部

客户服务部是滑雪场与顾客沟通和交流的重要渠道，负责提供滑雪场的咨询和售后服务。他们回答顾客的问题，解决顾客的疑虑，并收集顾客的反馈意见，以不断改进滑雪场的服务质量。客户服务部还负责处理顾客的投诉和纠纷，维护滑雪场的声誉和形象。

四、中国滑雪场概况

据《中国滑雪产业白皮书（2022—2023）》统计，2022—2023雪季财年，国内新建并投入运营的滑雪场13家，包括8家室内滑雪场和5家户外滑雪场，实际处于对外营业状态的雪场总数为697家。截至2023年4月30日，全国有架空索道且处于运营状态的雪场达到166家。

目前，室内滑雪场在国内全面爆发，中国已成为全球最大的室内滑雪强国。有趣的是，一些南方城市正在开设更多的滑雪场，浙江省的雪场数量达到23家，数量排名位列全国省份第十一位，已经成为我国重要的滑雪客源地之一。按雪区面积大小排名，全球前十位的室内滑雪场中，中国已经占据了半数，同时，雪区面积排名前三的室内滑雪场全部在中国。另外，据不完全统计，目前国内在建的室内滑雪场项目超过10个，其中至少有4个新项目将进入全球前十。

2023年1月4日，第六届WSTOPS冬鼎奖"中国滑雪场榜单"正式发布。经过多年持续打磨与培育，冬鼎奖以其专业、权威、客观、全面、公益的评选理念和横跨冰、雪两大领域，成了观察国内外冰雪领域最新发展情况的"冰雪产业风向标"，并得到了相关政府主管部门及业界认可和支持。

第六届冬鼎奖滑雪场榜单根据行业总体发展态势和产业发展情况，共分为两大类，第一类是滑雪场TOP奖，由我国最具实力和最具影响力的室外和室内雪场组成。包括中国滑雪场TOP10、中国滑雪度假区TOP10、最佳室内滑雪场三项；第二类是中国滑雪场30品牌，主要是对全国各地最具代表性的发展型雪场品牌进行展现。第六届冬鼎奖中国滑雪场获奖名单是：（1）张家口崇礼万龙滑雪场；（2）张家口崇礼云顶滑雪场；（3）张家口崇礼太舞滑雪场；（4）张家口崇礼富龙滑雪场；（5）新疆阿勒泰将军山滑雪场；（6）北京密云南山滑雪场；（7）新疆丝绸之路滑雪场；（8）涞源七山滑雪场；（9）延庆小海坨国家高山滑雪中心；（10）黑龙江亚布力滑雪场。

五、国外滑雪场概况

（一）欧洲

欧洲经济发达，也是现代滑雪运动的发源地，得益于阿尔卑斯山得天独厚的冰雪资源，欧洲得以拥有全球最多的滑雪场，共2000多家，而且基本上都是大雪场。全球超级大雪场中有84%在阿尔卑斯山地区。这里的设施也是最齐备和最先进的，拥有超过1万条索道，占有全球43%的滑雪人次数。

法国的拉普拉涅滑雪场在访问人数方面独占鳌头，最近几年一直是全球第一。过去几年，滑雪人次最高的国家也是法国，此前领头羊的位置一直由美国把持。在法国滑雪的外国游客数量也很可观，有1/5为外国人。相对来说，整个北部都处在阿尔卑斯山区的意大利虽有得天独厚的地理环境，但由于经营不善和宣传不力，它的外国滑雪者来访人数反倒是整个阿尔卑斯山地区国家中最低的。德国虽然拥有大大小小约500个滑雪场，但德国人非常热衷于出国滑雪，是瑞士、奥地利和法国的最大国外滑雪游客来源地。

英国人先天不足，但英国的滑雪行业从业者煞费苦心。为把英国人吸引到滑雪场，他们开设了很多室内滑雪场，并频频举办免费的"一天之内学会滑雪"活动，培养并输出了很多滑雪爱好者。与欧洲另一滑雪圣地——北欧诸国的表现相比，后者实在是乏善可陈。唯一值得提及的是挪威，它与奥地利、瑞士一同蝉联了全球滑雪人口比例最高的三个国家，有多达25%以上的人口都参与滑雪。

东欧不是传统的滑雪目的地，也缺乏滑雪文化，但近些年经济发展刺激了滑雪需求。总体上说，东欧的优势是优质的天然降雪和便宜的价格，在吸引国际游客方面，波兰、罗马尼亚和俄罗斯都有不俗的成绩。

（二）北美

北美是世界上最大的滑雪市场之一，北美最重要的国家美国也贡献了全球滑雪产业最重要的数据，美国滑雪人口占据了世界滑雪人口总数的26%左右。而且美国国内的滑雪消费能力非常强劲，只有6%的滑雪者来自国外。在最为繁荣的20世纪80年代，全美各地有800多个雪场，如今虽仅剩460多个，但主要是因为行业并购所致，美国滑雪行业正在经历缓慢的下滑，主要是滑雪在世界其他国家的兴起所致。值得其他国家学习的是，美国是最早采用数据量化分析滑雪产业的国家，美国滑雪产业也非常关注目标客户群体的年龄老化问题。分析认为，提高美国滑雪者数量的根本策略在于：提高初学者的兴趣，将初学者转化为终身滑雪爱好者，防止普通滑雪爱好者放弃滑雪。数据显示，美国的滑雪者仅占总人口比例的3%，远不及欧洲滑雪强国，但这也预示着美国还有深挖的潜力。

美国的邻居加拿大虽地广人稀，但反过来说，它也拥有着全球最多的人均滑雪资源。加拿大的滑雪市场非常成熟，主要依靠本国和美国滑雪游客，全国有滑雪场700多家，有一半集中在靠近美国边境的安大略和魁北克两省。其问题在于目标客户群体老龄化，就其人口现状而言，这在一定程度上也是无解的。

（三）东亚

除了欧美，比较重要的滑雪市场就在东亚。

日本是相对意义上的先行者，其滑雪市场曾繁荣一时。一方面是因为日本作为当年美国的经济桥头堡，经济率先实现了腾飞，有了相应的经济基础，包括滑雪在内的很多美国文化也随之被引进；另一方面，则有赖于日本人的用心。在日本政府的扶持、支持下，滑雪产业在日本得到了飞速发展，并形成了独特的滑雪产业制造体系，一系列日本本土品牌、滑雪产品不仅迅速抢占了国内市场，也逐步伴随着日本制造行销全球，日本的索道制造与人工造雪技术在国际市场上颇具竞争力。日本还很好地将滑雪这一时尚运动与传统民俗结合起来，包括参观地方民俗风情活动及温泉洗浴、蒸汽浴、美容、按摩、美食、购物等，极大地满足了旅游者的需求，也拓宽了滑雪产业领域。

在20世纪80年代，滑雪曾被日本年轻人视为最时尚的运动和社交方式。当时，最现代化、最豪华的滑雪场遍布北海道和九州，每个缆车前都排着长龙，雪道上挤满了人。当然，这一定程度上也有日本经济泡沫的因素，伴随着经济泡沫的破灭，日本滑雪产业也不可避免地下滑，如今滑雪场只有最高峰时期的一半左右。不过，目前日本仍吸引着全世界19%以上的滑雪者，很值得学习与研究。

韩国的滑雪人数占总人口比例与日本接近，都是近10%。朝鲜相对来说有更多的冰雪资源，但受困于经济及政治因素，其国内近几年出现真正意义上的滑雪场仅为个位数，所用装备基本是其他国家淘汰的装备，与韩国发达的滑雪业形成鲜明对比。

（四）其他地区

全球数千家滑雪场主要分布在67个国家，其中绝大部分都分布在上述三个地区，但滑雪业在全球其他地区的发展也不容忽视。以阿富汗为例，它拥有极佳的自然条件，境内有充沛的降雪、高山和冰川，只不过由于连年的战争导致阿富汗成为世界上最贫穷的国家之一，但这并不影响热爱冬季运动的孩子们利用自制的雪橇和滑雪板在山坡上冲刺。目前这个国家的缆车大多数时候都由驴子来充当，但这不能说明我们不能在冬奥会上看到阿富汗的高山滑雪运动员。

可能有人不会相信，就连绝大部分领土处在热带地区的印度也有相对很高的滑雪人数，其实抛开印度北部的冰雪资源不谈，单是印度不容忽视的经济与人口体量，都足以孕育与之匹配的滑雪产业与相关人群。即使是在完全意义上的热带国家，在现代造雪技术的支撑下，滑雪也不是新鲜事。当然，人造雪场毕竟不比天然雪场，所以南半球的滑雪场主要集中在新西兰、澳大利亚、巴西、智利等国家。

知识链接

奥地利：成就世界第一滑雪王国

奥地利国土面积仅 8.38 万平方公里，人口不过 886 万人，但得天独厚的山地气候条件使其成为世界"冰雪巨人"。奥地利全境面积的 62% 被阿尔卑斯山覆盖，共有 800 多个滑雪场，雪道总长 2.2 万公里，拥有 3500 多条雪场缆车线路。

相关调查显示，欧洲"最佳雪场"前 6 名中，奥地利占了 4 席。众多享誉全球的雪场雪道吸引了无数冰雪爱好者，仅 2019 年，到奥地利滑雪场过夜度假的游客就达到 1.5 亿人次，是全球总量的 20%。冰雪产业也成为奥地利的优势产业，产值约占奥地利 GDP 的 15%，占欧洲冬季运动市场超过一半的份额。100 多来年，奥地利孜孜以求发展冬季运动、做大做强冰雪产业，世界第一滑雪王国的桂冠当之无愧。

奥地利是现代滑雪运动的发源地，拥有世界上第一个滑雪场、制定了第一个滑雪规则、创办了第一所滑雪学校。1896 年，奥地利人茨达尔斯基引入了通过使滑雪板与滚落线形成一定角度来控制速度的滑雪技术；20 世纪早期，施奈德将所有的滑雪技术整理成一本滑雪手册，这就是著名的《埃尔伯格技术》，传遍世界各地；20 世纪 50 年代，奥地利人又发明了姿势优美的摆式滑雪方法，为现代滑雪运动奠定了基础；后来，奥地利人发明的切入式滑雪方式，在世界上风靡一时。直到今天，在滑雪技术的创新发展方面，奥地利仍处于全球领先地位。

成就滑雪王国，也许与奥地利人的"冰雪基因"分不开。有人戏称，奥地利的孩子出生时就带着滑雪板，似乎天生就会滑雪。不论怎样，奥地利人世世代代对冰雪运动充满热情是真的。在奥地利，一般孩子年满 3 岁就会送去学滑雪。并且，每个滑雪场均配有滑雪学校，开展专门的幼儿滑雪课程，真正做到了滑雪从娃娃抓起。中小学生则每年至少要参加一次滑雪必修课。据说，每两个奥地利人中就有一个人着迷滑雪。正是这样雄厚的群众基础与优良传统，才有了今天奥地利人在世界冰雪运动中的突出成就——共计获得 40 多枚冬奥会金牌。

专业化和现代化是奥地利冰雪产业持续发展的关键。奥地利是全球唯一一个把滑雪纳入学校基础教育课程大纲的国家。据不完全统计，奥地利拥有1.3万名专业教练以及500多家滑雪学校；滑雪器械、索道和缆车技术以及滑雪道的安装设施在全球遥遥领先。与此同时，奥地利还为喜爱滑雪运动的游客提供完备的休闲娱乐项目与人文自然景观，基础设施不断完善，让世界各地游客充分体验阿尔卑斯山的独特魅力。

冰雪运动与旅游业高度融合是奥地利成功的秘诀。在奥地利，仅冬季运动相关旅游年收入就超过10亿欧元。根据世界经济论坛旅游业竞争力排名，奥地利位居全球第11位，其旅游服务基础设施更高居榜首。当前，奥地利正致力于滑雪旅游业的可持续发展，以最环保的方式发展乡村滑雪，专注多样化与定制化的冬季运动产品，从而吸引更多海内外游客前来休闲度假。

（资料来源：中国经济网，2022年2月15日）

第三节　滑雪场整体运营管理模式

一、运营管理概述

运营是人们创造产品或者服务的，有组织的活动过程。近代以来，企业逐渐由过去的制造业中的生产管理转向服务业和公用事业等领域的经营管理。企业管理中具备最基本的五个职能，分别是生产运营、科学技术、市场营销、财务会计和人力资源。这五方面之间相互促进和影响。还有一种观点认为，企业具备三大主要职能，包括财务职能、运营职能和营销职能。只有这些职能有机地整合在一起，才能推动企业的发展。

运营管理是指对运营过程的计划、组织、实施和控制，它是与产品生产和服务创建紧密相关的各种管理任务的总称。运营管理的主要对象是生产运营过程和操作系统。企业的运作需要有计划和有组织地进行投资、转换和产出，并且在此过程中需要运用合理的手段。企业运营管理作为公司生存和发展的关键要素，决定了公司市场运作的成效。企业是否能够找到适合公司自身发展需要的企业运作模式，并不断完善这种机制，决定了企业的自身能力和市场竞争力。

运营管理包括产品和服务设计，质量、流程和能力设计，选址，设备布局，人力资源和工作岗位设计，供应链管理，库存管理，作业计划和维护等十个领域。运营管理可以理解为把投入转化为产出，并且在此过程中创造出有价值的产品或者满足客户需求的一系列服务，运营管理在企业的生存发展中具有举足轻重的作用，公司如果具备出色的运营能力，便会在市场竞争中具备重大优势。

二、滑雪场运营管理模式

（一）运营模式定义

运营模式是为实现企业发展所确定的目标而构建的企业产品或服务的实现体系，涉及运营系统的整个生命周期。从价值链的角度来看，运营模式指的是怎么做的问题，利用资源、条件、基础，包括人、财、物、技术、设施、信息等要素，以及组织这些资源的运行体系，来思考如何实现市场的需求。通过总结众多企业的发展经验，逐渐形成了某种标准的样式，虽然各个企业本体具有差异化，但归根结底企业的运作模式趋于某一类。

（二）滑雪场主要运营管理模式

通过对全球三大主体滑雪旅游区的分析发现，目前主要有三种不同的运营管理模式，以阿尔卑斯山区域为代表的政府引导、产业集群模式，以北美地区为代表的公司管理、四季运营模式，以日本为代表的产品配套、民族风情模式。

1. 政府引导、产业集群模式

该模式的代表地区为阿尔卑斯山区域。该区域是现代滑雪旅游度假区的发源地。瑞士、奥地利、法国、德国、意大利等国在阿尔卑斯山建立的滑雪旅游度假区成为享誉世界的知名滑雪度假胜地。

该模式的主要特征是地处阿尔卑斯山的各国针对日益增长的滑雪市场需求，国内市场与国际市场并重，依托当地的滑雪资源优势，重视滑雪对社会经济发展的积极作用，将滑雪产业确定为国家战略产业重点发展，建立组织架构和政策法规体系，规划、管理并监督滑雪产业的发展，通过提供公共服务、强化基础建设、进行有限干预，实施全面引导。同时在各国政府的引导下，许多经营性组织进入滑雪的供给领域，依靠市场机制，运用市场化的手段以产业集群的方式来发展滑雪产业。

以法国为例，在政府层面上，法国通过制定"冰雪规划"充分利用和开发山区资源，帮助山区人民脱贫致富。具体措施包括：开展山区冰雪资源普查，并在普查基础上进行规划；采取国家、地方政府、银行联合扶持的办法，解决滑雪基地建设的投资问题，鼓励企业和个人进行投资；鼓励科研单位和工业企业进军滑雪旅游市场等。在企业方面，通过成立专门的机构来处理和协调各大滑雪场的关系，并由政府出面进行招商，促使一家公司出面收购其他滑雪场，统一开发、运营。

在营销层面上，法国滑雪度假区70%的营销费用由国家拨付，仅30%的费用由公司承担。法国滑雪旅游业发展模式以政府推动为主导，有力地调动了地方、企业和个人的积极性，使法国冰雪资源的开发和滑雪旅游得到了快速发展，山区的社会经济水平取得了长足发展。

瑞士通过成立瑞士滑雪协会，与旅游局一起规范滑雪场建设，加强对滑雪场的总体规划与管理，进行合理的规划开发，并推出多项管理认证，形成一套完善的体系，最终各司其职、共同盈利。

2. 公司管理、四季运营模式

该模式的代表国家是美国和加拿大。美国和加拿大地区的滑雪场一般是由一家商业公司来管理或代理，公司的主要工作就是经营滑雪旅游区的"体育或滑雪产品"，包括索道经营、滑雪学校、雪具出租、食品饮料和零售业务经营权等。在北美，滑雪旅游区常常以明星滑雪场为主导，整合并购周围其他滑雪场，重组打包上市，并对滑雪旅游区投资结构进行社会分工，对投资项目进行市场分解。

同时，北美地区的滑雪场非常注重夏季旅游的开发与运营，因此在规划设计初期就会更多地考虑非雪季的运营管理，开展何种类型的活动，如何创造更多的经济效益等。通常滑雪场在项目初期就选址在自然风光秀丽的地方，以便将其建成为休闲度假胜地。利用迷人的自然风光，在尽量维护自然环境的前提下，将其建成冬季滑雪、夏季观光的好地方。利用现有林地提供野外生存训练、山地自行车、徒步等活动，若有水面，还可以考虑开展一些水上活动，这些项目都会吸引大量的夏季游客。

3. 产品配套、民族风情模式

该模式的代表国家是日本。日本的滑雪场素来以设施优良、降雪量大、雪道种类丰富著称。滑雪者可以在不同的海拔地区尝试单板、双板、雪橇及雪上摩托等多种滑雪运动。滑雪场内在索道的起点、换乘和终点处均设有餐饮、休息和购物区，便于滑雪者中途休息及用餐。住宿方面也有极丰富的选择余地，部分酒店坐落于滑雪场内的雪道边，酒店大门与索道站只有百米之隔，非常便捷。此外，还有众多民营旅店遍布滑雪场周围，旅店内一般都有天然温泉和丰盛的乡土料理。泡温泉在日本是一项传统的休闲方式，历史悠久。许多日本滑雪场同时也作为温泉胜地，滑雪场内一般都有较好的温泉设施，滑雪结束后，晚上泡进温暖的温泉中缓解一天的寒冷和疲劳。这样也就形成了日本式冬季旅游的特有方式：滑雪与温泉相结合。

同时，日本的滑雪产业非常注重多重产品配套组合。以北海道为例，北海道地区的滑雪旅游发展特色主要是"航空＋市内观光＋套餐"式的滑雪旅游产品。由于北海道地区与主要的滑雪客源地在空间距离上的原因，滑雪时间一般在3日以上，因而交通方式以航空为主。

在滑雪旅游发展方面，主要是将滑雪与市内观光相结合的模式。北海道的滑雪旅游目的地主要分为两大区域，为网络式格局。以两大机场为中心，将机场周边的滑雪场、温泉等衔接起来，形成滑雪—温泉旅游区。旅游区及市内观光由休闲观光列车连接，形成网络化的滑雪旅游发展格局。

 知识链接

滑雪场一般运营模式

1. 十月至十一月经营筹备期

各部门按服务流程展开工作，主要完成：员工招聘培训、场地（雪具大厅）设备设施准备、市场启动造势等工作。

2. 十二月至次年三月中旬经营期

以服务流程为依据，各尽其职搞好经营工作。

3. 三月中旬至五月调整与总结期

（1）雪期的收尾工作：设备设施物品入库；季节性员工总结、移交、结算、离职；公司员工换休、维护保养雪板雪鞋。

（2）总结：①年度工作总结；②服务手册的修订；③年度工作计划的确定。

4. 六月至七月

研究修订完善营销政策，确定下个雪期经营方案、市场开发准备工作。

5. 八月至九月

市场宣传推介、开发与维护。

第二章

滑雪场的开发建设

 学习目标

1. 了解滑雪场选址与规划的原则和影响因素；

2. 明确滑雪场建设的审批手续和相关监管；

3. 掌握滑雪场建设流程。

第一节　滑雪场的选址与规划

一、滑雪场规划原则

（一）尊重自然、顺应市场

尊重自然地形的原则。主要体现在雪道的设计上，应尽可能遵从山体坡度、坡向沟梁的自然状态，尽量减少对自然地形的冲击和改变。

保护自然景观的原则。在滑雪场建设中应最大限度保护自然形成的河流、湖泊、湿地、自然林木，保护原生态在滑雪场范围内的比例和景观层次。

突出绿化环境的原则。保证滑雪场各功能片区内环境绿化的协调性和完整性。

保护和维护生态环境的原则。中、大型滑雪旅游区大多建设在山坡、丘陵地带，雪道开发与配套设施建设往往要占用林地、绿地、湿地。这时要先进行环评和林地审批程序，同时在雪道设计时最大限度地减少林木破坏。

滑雪区域的承载能力和容量与开发规模、盈利目标相协调的原则。雪道、索道的规划布局需要提前测算其运力，配套服务设施的容量需要与山体设施容量相匹配，且均不能突破环境承载力。同时，规划要充分考虑一年四季的需求，冬季滑雪旅游更侧重运动休闲，夏季旅游更侧重大众观光与度假。

（二）布局合理、分期实施

在突出雪道规划合理布局的同时，全面安排滑雪场内各功能区规划，遵循分期规划建设的原则。滑雪旅游区的建设是一个中长期的系统工程。规划建设既要符合功能要求，在时间的分布上也要合理安排，既要满足市场的需求，也要考虑投资方的投入产出比，形成合理、完善的资金周转链条，科学安排建设时序。

（三）区域联动、协同发展

与区域发展规划相协调的原则。滑雪旅游区的建设，特别是中、大型滑雪旅游的规划定位、发展规模、发展策略与经营模式等，要与当地社会经济发展规划相协调，与当地旅游发展规划相协调，与周边客源市场相协调。要与周边同类型滑雪旅游区发展形成良性互补、互利共赢的局面，共同促进当地就业，带动当地社会经济健康发展。

二、滑雪场规划设计四大效益分析

效益是滑雪场规划设计的关键词，也是整个滑雪产业的决定性因素。没有效益，滑雪场建得再好也撑不下去。兴建滑雪场所带来的效益是多方面、综合性的，主要包括经济效益、社会效益、产业效益与生态环保效益四类。

（一）经济效益

经济效益又可分为滑雪场自身的经济效益与社会的经济效益两部分。前者指滑雪场给经营者带来的直接的经济收入，包括门票、设备器材的出售与租借、滑雪技术的教授、器材的修理费用等。这部分收益直接由出资者即滑雪场开发商享有。后者指滑雪产业的开展所产生的连带经济效益，虽为"连带"，但通常远超滑雪场自身所产生的直接经济效益。因为滑雪产业的产业链很长，特别是酒店、餐饮等服务业，可以说缺了它们，滑雪产业便不能称为滑雪产业。相应的，这些相关产业也最先获益，有时甚至比滑雪场本身还获利在先。举例说明，一个滑雪爱好者要前往滑雪目的地，他首先需要搭乘交通工具，那么当地的运输产业就会因此获益，获益的可能是一位出租车司机，也可能是航空公司，总之有人消费就有人受益。

对区域经济而言，建造滑雪场对当地交通、通信、商业、手工业、农副特产等方面都有无穷的拉动效果，为解决当地人员就业甚至推进经济发展都有不容忽视的效果。在滑雪界，国内外都不乏"修了一个场（滑雪场），带富一个乡"的案例。如日本长野县的野泽温泉村、奥地利的因斯布鲁克、黑龙江省的亚布力镇、吉林省的五里河镇、河北省的崇礼县、北京的延庆县等。有时候，滑雪场本身效益可能不会太好，尤其是在经营初期，但相关行业会从中获益是毋庸置疑的。滑雪场自身的赢利问题固然值得重视，但其存在对社会经济的拉动效果同样值得重视。

（二）社会效益

很显然，我们刚刚讨论过的"社会的经济效益"层面属于社会效益的一种，但除此之外，兴建滑雪场对所在地区乃至更广大区域，还有很多看似不太明显实则更加重要的意义。比如，滑雪场的开发建造将变成所在地区对外经济、社会联络的窗口，能显著推进本地与外地的经济技术、文明协作与沟通，拓宽了经济发展途径，显著提升了地区知名度，从而为该区域吸引人、财、物等提供更多的有利条件，加速该区域的现代化进程。事实上，很多滑雪场兴建本身就是招商引资的产物。再比如，作为当前最为时尚的体育健身运动项目，滑雪场的兴建会使广大游客在体质、心态健康等方面陶冶情操、振奋精神。

（三）产业效益

滑雪产业从属于旅游产业，以前冬天是北方绝大多数地区的旅游淡季，而滑雪场的兴建不仅可以填补冬季旅游的空白，还可以通过提供多样化的滑雪项目，免除旅游区各个服务设备的"蛰伏"状况，并且为春夏秋三季旅游积蓄势能，保持热度。事实证明，滑雪产业的引入促进了不少区域的旅游事业冬夏皆旺，"两旺"格局的构成，对该区域的旅游产业及经济、社会、文明产生了无穷的、显著的拉动效果。

（四）生态环保效益

滑雪场的开发需要采伐树林，进行土木工程，对植被、环境会产生不可避免的损坏，有时候甚至会引起严重的环境灾难，尤其是在高海拔山区，那里的植被本就脆弱，再生则更加困难。然而从旅游开发角度看，滑雪场建设本身也很需要环境条件的支撑。对森林、草原等地貌景象的维护、美化与重塑，也是滑雪场建设的重要组成部分。一旦发生水土流失、山体滑坡事件，在人们广泛关注环境的今天，滑雪场很难不成为千夫所指。那么为了自身的生存与发展，滑雪场也必须考虑环保，保证滑雪场的建设不会对环境造成大面积、大规模的破坏。另外，像滑雪场这类大型设施，一切规划设计都在政府相关部门及相关组织的监督之下。加上很多新技术的应用，如造雪系统，对环保带来的益处远远大于滑雪场带来的环境破坏。

三、影响滑雪场选址规划的因素

滑雪活动受气候、降雪、地形、地貌等自然条件的影响，开展滑雪旅游需要有适合的地形、土壤、水源、长时间的稳定积雪日数以及大量配套的旅游基础设施和服务设施，尤其是雪道和索道。滑雪场开发布局的同时会受到滑雪（特殊因素）和旅游（一般因素）的影响。在滑雪场开发选址时，必须综合考虑市场、区位、山势、积雪水源、交通以及生态和景观等因素。

（一）市场条件

除高海拔全年可游的滑雪场外，多数滑雪场只在冬季使用，要求有较完备的装备条件和较大的投资规模，保证一定的人流量才能产生稳定的经济效益。在滑雪场选址时要进行客源市场调查分析、论证与定位，以确保滑雪场开发取得更大的收益。

根据对欧美成熟滑雪市场的研究进行分析，我们发现，由于滑雪必需的专业设备和门票费用相对昂贵，因此，滑雪运动在收入比较丰厚的人群中更为流行。由于滑雪运动本身的运动属性，更受年龄在 45 岁以下的人群青睐。鉴于此，在滑雪场选址时必须充分考虑周边人口的分布情况，既要保证人口相对稠密，又要考虑收入水平较高且年龄适中的潜在滑雪参与者占总人口的比例必须足够高，二者缺一不可。以北京为例，人口基数大，中青年人群比例高，其中高收入群体占比较大，滑雪旅游的出行动机强劲，虽然自然积雪条件一般，但由于有充足的客源市场，也成为滑雪场选址的热点地区。

（二）区位条件

根据现代区位理论，滑雪场距集散中心城市一般不超过 200 km，不少于 5 km。超过 200 km 会致使滑雪者出行距离过远，进出管理不便，出游动机下降。少于 5 km 则易受城市交通和"城市热岛"效应的影响，不易保持滑雪场的雪质环境。

（三）交通条件

便捷的交通条件是发展旅游的关键。交通便捷不仅可以保证滑雪场周边人群踊跃投身到滑雪运动中去，还可以有效地吸引外地游客。滑雪旅游区的选址距离现有交通干线或计划兴建的交通干线越近越好。若要开发大型滑雪旅游区，就必须保证其所依托的中心城市具有便捷的空中交通和陆地交通。

（四）气候条件

1. 气温

滑雪场的选址必须考虑气候条件。若气温过高，积雪易融化；若气温过低，虽然有利于保存积雪，但因为体感不适，不利于开展长时间户外活动，容易冻伤。从历届冬奥会的选址城市来看，最适宜的气温条件则是在滑雪季期间，白天温度保持在 $0 \sim 5$ ℃，这样既有利于积雪的保存，又有利于开展滑雪活动。

2. 风力

由于风的破坏性很大，它很可能在数小时内将整条雪道上的雪一扫而空，且破坏性随着海拔高度的升高而进一步加剧，其对于雪道和索道的建设与日常维护均有一定的消极影响。因此，风是另一个限制滑雪道规划的环境因素。为了避开强风，雪道方向尽量避开冬季主导风向。另外，选择四面环山的盆地建设滑雪场也是不错的选择。盆地中心设计滑雪场不仅可以防止滑雪者免受强风的吹袭，而且小气候环境会使温度上升的速度减慢，从而可利用自然条件延长春季滑雪期。

3. 太阳辐射

雪道布局中，太阳辐射的强度、时间和角度都会影响雪的存留时间。尤其对于降雪量不充分的滑雪场而言，雪季期间的太阳辐射分析对于雪道布局非常必要。

（五）冰雪条件

滑雪场要保证一定的积雪厚度，才能顺利开展滑雪活动。虽然造雪机的出现使得一些雪量稀少的地区也能维持滑雪场的正常营业，但迄今为止气候条件是否适合仍然是滑雪场建设可行性的决定因素。目前我国大部分滑雪场都是采用自然降雪和人工造雪相结合的方法来维持滑雪活动。但是人工造雪的温度应该保持在 -4 ℃以下，这一要求对于纬度比较低的地区（如华北等地）来说，由于低温时期比较短、蒸腾量比较大，干燥、降雪量少，则要付出更大的水资源为代价来人工造雪。

另外，对于降雪量特别多的地区，发生雪崩的可能性也是在初期选址时就需要考虑的重要问题。为了保证滑雪者的安全，应该组织专家鉴定雪崩的可能性，选择安全地带规划设计滑雪道，超出安全范围的区域则不予开放。

（六）地形条件

地形的丰富多样性是影响滑雪者体验的一项重要因素。

1. 坡向

由于我国地处北纬，根据我国的自然地理条件，北向坡向日常蒸发量小，有利于雪的储存和维护。东北、西北向坡向，还需要考虑常年主导风向，尤其是雪季风向的影响，是否存在因风力破坏而导致的雪储存以及索道的日常维护问题。南向坡向日照充足，不利于雪的储存，会带来成本提升问题。根据以往的经验，同一滑雪区内位于山体阴坡的滑雪道，在不使用人工造雪的情况下可以比位于阳坡的滑雪道多维持一天的滑雪期。但对于我国大部分适宜建设滑雪场的地区而言，南向坡向有力地躲避了风力带来的消极影响。

图 2 - 1　照金滑雪场

2. 坡度

坡度决定着滑雪场内不同技术等级的雪道分布。雪道的位置选择应在保持基地原有自然风貌的前提下，最大限度地满足游客需求。根据市场结构比例，有针对性地将滑雪场的初级、中级、高级坡道数量进行合理搭配组合。一般来说，地形坡度范围决定了其土地的使用类型：

（1）0°~5°：地形平坦，不适于滑雪，但适用于各类设施建设。

（2）5°~10°：适用于入门级和新手，也适用于部分特定设施建设。

（3）10°~18°，最大坡度不超过22°：适用于中级选手，不适用于建设。

（4）平均坡度超过18°，最大坡度超过22°：适用于高级和专业级选手，存在雪崩危险的可能。

（5）大于70%（>35°）：对大部分滑雪者来说都过于陡峭，也是最高级别的滑雪坡度等级。这一类型的雪道仅适用于专业选手，必须采取严格的管理措施以防雪崩的发生。

3. 海拔

海拔高度是决定滑雪场能否兴建的一个决定性因素，海拔越高，越有利于留存住积雪，并延长滑雪季节。为保证滑雪者有足够长的距离进行快速回转和滑降，雪道的起点和终点必须具有足够的高度差，即滑雪场要与地面具有足够的垂直落差，只有如此才能带给不同级别的滑雪者不同的挑战性，保证广泛的参与性。国际著名滑雪场平均垂直落差都在1000 m左右。

但需要注意的是滑雪场的绝对高度，即海拔高度是有一定限制的。随着海拔高度的增加，气温会随之降低。通常海拔高度每升高100 m，气温平均会下降0.65 ℃。因此，除非是热带或亚热带某些利用海拔高度兴建的滑雪场，否则在中纬度地区兴建的滑雪场一般不会选择海拔超过3000 m的位置，海拔4000 m则是休闲旅游滑雪者的高度极限。

（七）地貌条件

我国地貌根据成因类型可以划分为流水地貌、湖成地貌、干燥地貌、风成地貌、黄土地貌、喀斯特地貌、冰川地貌、冰缘地貌、海岸地貌、风化与坡地重力地貌等，但由于各类地貌自身成因与特点，只有具有坡地重力地貌的区域，即以侵蚀山地为代表的地貌区域，才适宜建设滑雪场所。

我国三大阶梯区域中，由于第一级阶梯处于冰川和冻土地貌带，故而不适宜建设滑雪场所。第二级阶梯的高原和山地中，北部地区仅有新疆西部、内蒙古中部以及陕西与甘肃交界处的少量侵蚀山地有建设滑雪场的基本条件，而秦岭以南的广大地区，除去东北—西南走向的，贯穿重庆、湖北、贵州和云南四省市的一条岩溶地带外，均具有建设滑雪场的条件。第三级阶梯的山地中，除去南方沿海地区分布的岩溶地貌外，东北、华北地区大兴安岭—太行山东麓以及东北地区北部的侵蚀山区和长江中下游平原以南的广大侵蚀山区，均具有建设滑雪场的条件。

（八）水源条件

目前国内很多滑雪场采用自然降雪与人工造雪相结合的方法来保证雪道的积雪厚度和平整度。滑雪场造雪的最佳水源选择首先应是地表水，主要取自湖泊河流及溪流，其次才是地下水。但不论是地下水还是地表水，都必须足以保证滑雪场接待服务设施和人工造雪的用水需要。水源缺乏的地区不适宜建滑雪场，特别是高、中级滑雪场所。随着全球气候变暖，人工造雪已成为滑雪场重要的雪源，同时也是延长滑雪季节的重要手段。合理优先利用降水及地表径流的水资源已成为解决滑雪场人工降雪用水问题的主要手段。基本途径为在滑雪场附近修建足够容积的蓄水池。在滑雪期前，将降水或地表径流的水存储在蓄水池中，待雪期人工降雪时使用。该方式可以保护滑雪场附近的地下水资源，待到春季雪融期，又会有78％的雪融化成水，经处理返回地面，进一步涵养地下水源。另外，充足的水体除了提高景观环境质量外，亦可供夏天开展水上活动，以保证夏天能吸引游客，从而提高该场所在非雪季时作为创收来源的可行性，避免服务设施的闲置期过长。

（九）土壤条件

由于滑雪魔毯或索道的架设需要架设管线、电缆等设施，其他服务设施也同样需要给水排水、电力电信、供暖和燃气等管线，所以土壤的种类是另一个相当重要的基地选择条件。如果土壤具有腐蚀性，就需要采用防腐蚀的技术施工手段。如果土壤腐蚀性较强，同时基地内又不具备污水处理系统，则不能在当地建设滑雪区。另外，雪道应选择土层相对较厚且平整的山体，为保障滑雪者的安全，需要将雪道上的岩石、树根清除，杂草割除以保证雪道平整，如果是浅的岩床或裸露的岩架则往往要花费相当大的财力和人力来爆破和搬运。

（十）植被条件

除全年冰川覆盖的滑雪旅游区外，多数滑雪场所是建设在有一定植被覆盖率的林区，所以雪道建设最好是在符合坡度的前提下选择植被稀疏或没有植被的空地，这样不仅可以减少很多清理场地的工程量，而且对基地原本的自然生态环境破坏也最小。

（十一）景观条件

滑雪场的选址必须考虑拥有充足的基地，以便容纳为整个滑雪场所规划建设的索道站场、服务区的各类建（构）筑物、停车场等旅游服务设施以及配套市政设施。所需基地面积大小取决于开发者的目标以及基地周围的环境。现代大型滑雪场必须能够四季运营，其开发要兼顾冬夏旅游项目、自然景观与人文景观。充分利用旅游服务设施，提高经营效益。要把生态环境保护作为规划设计的重要内容，并在开发建设中严格实施，确保野生动植物，特别是森林不被破坏。

（十二）其他条件

随着全球滑雪市场的不断发展，滑雪运动逐渐由单纯追求冒险刺激、展示自我强健体魄和运动能力，向度假休闲、放松身心方向转化；参加滑雪运动的方式也从寻找极限体验，向亲近自然、休闲体验方面过渡。目前在专业滑雪者中普遍形成一个共识，即新的滑雪场必须气候适宜，在满足各种滑雪需求的同时，还要向游客提供自然观光和丰富多样的游憩体验。

参加滑雪运动的人员构成也由原来的主要以个人或兴趣相近的小团体，向与家庭成员共同体验冰雪乐趣的方面发展。家庭化的发展趋势，势必造成滑雪场的到访游客当中存在相当一部分的非滑雪者。上述人员当中，以老人和儿童占主导。如何保证滑雪者能够因滑雪而尽兴，非滑雪者由于其他旅游休闲项目的完善也感到心满意足，是滑雪场选址时应该也是必须考虑的问题。

将滑雪场选址在风光旖旎、气候适宜、空气清新、交通便捷的区域，配套高品质雪道与滑雪设施，实现全年滑雪、观光和度假，将滑雪、游憩和休闲度假融为一体，无疑会最大限度地吸引和稳定客源。

（十三）行业要求

国际雪联及中国国家体育总局冬季运动管理中心对于滑雪场地的建设与管理都

作出了相应的规范与要求。以国家体育总局冬季运动管理中心和中国滑雪协会共同颁布实施的《中国滑雪场所管理规范》为例，其中对滑雪场的开发建设、运营、安全管理及检查等都作出了明确规定。

综上，可以发现，滑雪场的选址布局，首先要考虑自身资源条件，再结合市场需求、区位交通与行业要求等条件，综合分析评价做出结论。

对于自然雪量大、雪期长、海拔高度适宜、植被茂盛、水源充足、地貌特征适宜、交通便利和周边旅游及滑雪人口资源丰富的地区，应该大力发展、鼓励建设大型高水平和国际化的现代化滑雪场，以此作为举行国际和国内重大赛事的场地以及广大滑雪爱好者充分领略滑雪乐趣的场所。

对于不能充分满足上述条件的地区，可以通过限制滑雪场规模、控制滑雪场数量的方式，达到既满足本地区滑雪爱好者就近滑雪的要求，又保证环境与资源合理利用的目的。

对于只能部分满足上述条件的地区，可以根据当地的具体情况，在总的旅游开发规划框架内，把滑雪场的建设作为当地总体旅游资源的扩展和延伸，个别兴建小型滑雪场，以此作为整体旅游产品体系之一来吸引游客。

对于不能满足上述条件，特别是无法满足植被、水源、地貌和交通条件的地区来讲，不鼓励建设滑雪场。

第二节　滑雪场审批手续与相关监管

滑雪场占地面积广阔，施工工艺复杂，并且属于公共休憩设施，所以建设滑雪场需要体育行业管理部门、环保部门、工商部门等相关部门的报备、审批与监管，具体包括以下几个阶段及相应手续。

一、立项审批阶段

1. 项目立项申请报告书（原件一份）。

2. 项目建议书或项目可行性研究报告（一份）。

3. 建设用地的权属文件或建设项目用地预审意见书（一份）。

4. 项目建设投资概算（一份）。

5. 银信部门出示的资金证明（原件一份）。

6. 企业法人营业执照副本（复印件一份），房地产项目需提供资质证明一份。

7. 项目地形图（一份）。

8. 有关职能部门的意见。

二、规划设计阶段

1. 由市规划局根据城市总体规划和立项文件核发勘察设计红线，提供规划设计条件。

2. 进入具体设计阶段，又分三个阶段，即方案设计、初步设计和施工设计。

3. 市城建局负责联系市有关部门对初步设计进行会审批复。

三、报建、建设阶段

（一）建设工程报建要提供的资料

1. 城市计划部门核发的《固定资产投资许可证》或主管部门批准的计划任务书。

2. 城市规划部门核发的《建设用地规划许可证》和《建设工程规划许可证》。

3. 国土资源部门核发的《国有土地使用证》。

4. 符合项目设计资格设计单位设计的施工图纸和施工图设计文件审查批准书。

5. 人民防空办公室核发的《人民防空工程建设许可证》。

6. 消防部门核发的《建筑工程消防设计审核意见书》。

7. 防雷设施检测所核发的《防雷设施设计审核书》。

8. 地震办公室核发的《抗震设防审核意见书》。

9. 建设资金证明。

10. 工程预算书和造价部门核发的《建设工程类别核定书》。

11. 法律、法规规定的其他资料。

（二）公开招标的建设工程，到招标办办理手续要补充的资料

1. 建设单位法定代表人证明或法定代表人委托证明。

2. 建设工程施工公开招标申请表。

3. 建设工程监理公开招标申请表。

（三）邀请招标的建设工程，到招标办办理手续要补充的资料

1. 建设单位法定代表人证明或法定代表人委托证明。

2. 建设工程施工邀请招标审批表。

3. 建设工程监理邀请招标审批表。

4. 市场监督管理局签发的私营企业证明。

5. 法人营业执照。

6. 其他申请邀请招标理由证明。

（四）直接发包的建设工程，到招标办办理手续要补充的资料

1. 建设单位法定代表人证明或法定代表人委托证明。

2. 建设单位申请安排建设工程施工单位报告。

3. 建设单位申请安排建设工程监理单位报告。

4. 市场监督管理局签发的私营企业证明。

5. 法人营业执照。

6. 建设工程直接发包审批表。

（五）办理建设工程质量监督，到质监站办理手续要提供的资料

1. 《规划许可证》。

2. 《工程施工中标通知书》或工程施工发包审批表。

3. 《工程监理中标通知书》或工程监理发包审批表。

4. 《施工合同》及其单位资质证书复印件。

5. 《监理合同》及其单位资质证书复印件。

6. 施工图设计文件审查批准书。

7. 建设工程质量监督申请表。

8. 法律、法规规定的其他资料。

（六）办理建设工程施工安全监督，要提供的资料

1. 建设单位提供的资料

（1）《工程施工安全监督报告》。

（2）《工程施工中标通知书》或工程施工发包审批表。

（3）《工程监理中标通知书》或工程监理发包审批表。

（4）《工程项目地质勘察报告》（结论部分）。

（5）施工图纸（含地下室平、立、剖）。

（6）《工程预算书》（总建筑面积、层数、总高度、造价）。

2. 施工单位提供的资料

（1）安全生产、文明施工责任制。

（2）安全生产、文明施工管理目标。

（3）施工组织设计方案和专项技术方案。

（4）安全生产、文明施工检查制度。

（5）安全生产、文明施工教育制度。

（6）项目经理资质证书复印件，安全员、特种作业人员上岗证原件和现场设施、安全标志等总平面布置图。

（7）购买安全网的合格证、准用证发票原件和复印件。

（8）《建设工程施工安全生产责任书》。

（9）建设工程施工安全受监申请表。

（10）法律、法规规定的其他资料。

（七）领取《施工许可证》后其他补充资料

1.《工程施工中标通知书》或工程施工发包审批表。

2.《工程监理中标通知书》和《工程监理合同》。

3. 施工单位项目经理资质证书（桩基础工程要提供建设行政主管部门核发的桩基管理手册）。

4. 使用商品混凝土《购销合同》或经建设行政主管部门批准现场搅拌的批文。

5. 质量监督申请安排表。

6. 安全监督申请安排表。

7. 建设工程质量监督书。

8. 建设工程施工安全受监证。

9. 施工许可申请表。

四、竣工验收阶段

1. 建设工程竣工验收，要提供如下资料到质监站审核，质监站在 7 个工作日内审核完毕；建设单位组织有关单位验收时，质监站派人员现场监督。

（1）已完成工程设计和合同约定的各项内容。

（2）工程竣工验收申请表。

（3）《工程质量评估报告》。

（4）勘察、设计文件质量检查报告。

（5）完整的技术档案和施工管理资料（包括设备资料）。

（6）工程使用的主要建筑材料、建筑构配件和设备的进场试验报告。

（7）《地基与基础、主体砼结构及重要部位检验报告》。

（8）建设单位已按合同约定支付工程款。

（9）施工单位签署的《工程质量保修书》。

（10）市政基础设施的有关质量检测和功能性试验资料。

（11）规划部门出具的规划验收合格证。

（12）公安、消防、环保、防雷、电梯等部门出具的验收意见书或验收合格证。

（13）质监站责令整改的问题已全部整改好。

（14）造价站出具的工程竣工结算书。

2. 建设工程竣工验收前，施工单位要向建设委员会提供安监站出具的工程施工安全评价书。

3. 建设工程竣工验收备案，自工程竣工验收之日起 15 个工作日内，要提供如下资料到质监站办理手续。

（1）《工程竣工验收报告》。

（2）施工许可证。

（3）竣工验收备案表。

（4）《工程质量监督报告》。

（5）工程竣工验收申请表。

（6）《工程质量评估报告》。

（7）工程施工安全评价书。

（8）工程质量保修书。

（9）工程竣工结算书。

（10）商品住宅要提供《住宅质量保证书》和《住宅使用说明书》。

（11）法律、法规规定的其他资料。

4. 建设工程竣工结算审核，要提供如下资料到造价站办理手续。

（1）工程按实际结算的，要提供如下资料：

①建设单位和施工单位的《委托书》。

②《工程类别核定书》。

③《工程施工中标通知书》或工程施工发包审批表。

④《工程施工承发包合同》。

⑤施工组织设计方案。

⑥图纸会审记录。

⑦工程施工开工报告。

⑧隐蔽工程验收记录。

⑨工程施工进度表。

⑩工程子目换算和抽料（筋）表。

⑪工程设计变更资料。

⑫施工现场签证资料。

⑬竣工图。

（2）工程按甲乙双方约定的固定价格（或总造价）结算的，要提供如下资料：

①建设单位和施工单位的《委托书》。

②《工程承包合同》原件。

③竣工图。

第三节　滑雪场的建设

滑雪场虽然不是为市场需求生产"实物产品"，但是提供"滑雪服务"，是以市场为导向的、按市场规则运营的企业类型，虽然称其为"场"，但它不是提供公共产品的"场"，而是追求效益最大化的企业。

一、滑雪场主体建设

滑雪旅游产业的发展直接受制于滑雪场的建设水平，只有当滑雪场的规模、质量等指标达到一定的标准，其布局、结构达到一定的均衡状态时，才能保障滑雪旅游产业综合发展水平的稳定提升。依据滑雪场的不同功能倾向，一般可将其分为滑雪场基础设施和滑雪场服务设施两大类。

（一）滑雪场基础设施建设

滑雪基础设施是滑雪场发展的物质保证，任何一个部分缺损或运转不畅都有可能导致滑雪场大机器的瘫痪，因而必须从设施与滑雪者人数的相关性出发，用科学的手段精确预算两者的比例系数，并在预算结果的基础上由政府主导规划建设以下系统：

1. 区域交通系统（车站、机场、港口等交通集散地的规模、位置及相互之间的转运效率等）。

2. 水电供应系统（水厂、电厂的供应能力，专事滑雪的应急渠道等）。

3. 邮电通信系统（邮政网点的优化设置，电信网络的快捷高效）。

4. 安全保障系统（医疗机构、救护部门、保险公司、公安机关等）。

5. 环卫清洁系统（废气、废渣、废水的排除设施，环境卫生的清洁护理等）。

（二）滑雪场服务设施建设

滑雪服务设施是指直接面对滑雪者并提供其所需各项服务的设施，"服务至上"的理念不仅对滑雪从业人员的服务水平提出很高的需求，而且也对服务设施实体的硬件质量作出了严格的标准规定。

滑雪主体设施的建设必须因地制宜，根据当地的承载力来统筹规划，主要应合理建设好以下设施：

1. 滑雪道（数量、宽度、长度、坡度、梯度）。

2. 雪场专用设备（索道、造雪机、压雪车、雪场安全设施、滑雪用品的配置）。

3. 接待和餐饮设施（基于文化、地域、消费水平等因素的餐饮类型配置，餐饮设施与风景方位的协调）。

4. 体育娱乐设施（健身康体中心、网球场、歌舞厅、休闲吧、体育项目培训机构等）。

5. 滑雪业务机构（各类滑雪业务的咨询、中介、代理、组织机构，如旅行社、车队等）。

6. 其他辅助设施（旨在增加滑雪者逗留时间的设施，如疗养中心、会议中心、商务中心等）。

图 2 - 2　滑雪场索道

二、滑雪场辅助设施建设

要使原始的资源贴上滑雪的标签，变成有价值的滑雪资源，首先应投入一定的人力、物力和财力，对其进行一定的技术性处理，使之成为具有滑雪吸引功能和基本滑雪接待能力的目的地，这个技术性的处理过程就是滑雪资源加工。

滑雪资源加工是滑雪旅游产业发展的一项基础性工作，主要从以下几个方面展开：

（一）划定资源区域的地理范围

经过初步的调研评价后，就要着手对有滑雪开发价值的资源进行详勘，以划定其可用区域的地理范围，这一步的工作取决于资源的实际可进入性（可达性）、安全性、客源容量和承载能力。例如，对于某些有着较强特异性但危险系数较高的滑雪吸引物，如悬崖、峭壁、陡岩等，就不宜纳入资源体验区的范围，更好的做法是把它当作资源区的自然背景保护起来。又如，对于当地滑雪基础服务设施接待有限而且空间不足的地方，也没有必要将过多差异性较小的滑雪吸引物都框入资源区范围，以免造成资源闲置，也不利于资源的维护与管理。

（二）资源区内辅助设施的修建

滑雪场的建设是景观与功能相结合的，修建资源区内的道路系统是滑雪资源加工不可或缺的一环，它应本着生态化和信息化的设计原则来施行。首先，在线路选择上需避开生态脆弱地带，尽量选取生态恢复功能较强的区域，或自然环境中现存的通道，如河流、滑雪道等，并在施工技术上尽量利用竹木、石板、卵石、沙子等接近自然的无污染材料。其次，资源区内道路系统的角色界定应不仅是滑雪者空间行为的轨道，还应是多元信息的载体，因此，在路牌路标的制作、道路背景的设置等方面需综合运用高新技术，注重加强道路系统的信息载附能力，使滑雪者在滑雪途中不断接受各种帮助提示信息，提高其关注效率。同时，道路的建设以方便振兴林区或山区的经济为出发点，拉动山区建设，将山区的资源优势转化为经济优势，将滑雪道路建设与山区公路网建设通盘考虑，防止"自扫门前雪"的重复建设，造成资源和资金的双重浪费。

滑雪活动归根结底是人的活动，以人性化为原则在资源区内建造一系列的配套设施也是滑雪资源加工的重要内容之一。例如，在某些人文意蕴较为浓厚的滑雪吸引物附近，可以设置一些风格一致、造型独特的铭文碑石加以解说，以不破坏整体氛围为前提满足滑雪者求知的需求；在某些景致极其优美、能够引得滑雪者驻足的地方，可以修设一些石椅、石桌等设施供其休憩或拍照；而在某些比较危险的地方，便需要从滑雪者安全的角度考虑，修造围栏或安全网，并树立提示标牌。这些辅助性的设施，往往被人忽视，不过，对于滑雪场的经营而言，能够小中见大，取得事半功倍的效果。

三、滑雪场规划设计四大经典模式

在滑雪场规划设计方面，目前，中国滑雪产业的先行者们已经总结出了四大经典模式，分别是土地多元化开发模式、滑雪产业整合模式、动静结合冷暖皆宜模式和敬天爱人天人合一模式，下面我们结合四个相关案例，来具体探讨。

（一）徐州大景山滑雪场

徐州大景山滑雪场以"土地多元化开发模式"为导向，在整合土地功能关系方面做得非常好，它紧密依托国家 AAAA 级旅游风景区——督公湖休闲度假区，建设成为华东地区规模最大、设施最完备的现代化雪上运动体验中心，风景秀美，体验游玩项目众多。项目包括：极限滑雪乐园、极限漂流乐园、极限悠波球乐园、极限滑草乐园、极限飞天蹦极乐园、极限飞行乐园、极限穿越世界、极限魔幻世界、极限恐怖世界等特色主题体验型游玩项目。滑雪场运营面积 6 万平方米，设施先进，雪道种类齐全。其滑雪道长度为北京以南地区最长，加上缓冲区与营业厅共计 1000 米。

（二）亚布力滑雪场

"冰雪活了，人才回了，日子火了"，这是黑龙江亚布力滑雪场开启滑雪产业整合模式后当地百姓的直观感受。2014 年，亚布力景区通过全新规划、整合资源，实现了"雪道相连，三山联网"，理顺了原有庞杂的旅游体系。游客一卡在手，可滑遍三座山、46 条风格迥异的雪道。在广泛吸引客源的同时，这几年，亚布力滑雪场非常注重吸收当地人才，特别欢迎那些曾经在北京、上海等大城市闯荡过的年轻人加盟。加盟亚布力，改写了不少年轻人的人生，他们的加盟为亚布力的服务与管理注入了新的力量。

新建的度假村里，一间间具有东北特色的茅草屋替代了原先的荒草甸。挂满红灯笼、窗贴大"福"字的篱笆小院，大草房中的热炕头与大红花被，将游客的记忆带回童年，也将丰厚的利润带给雪场。除此之外，与雪场相配套，度假村还供应出自当地企业的山泉水、山珍、干货和野味。度假村外围与景区沿线还有数不清的家庭旅馆，很多人守在家门口就把钱赚了。

（三）毛家峪印象滑雪胜地

毛家峪印象滑雪胜地位于天津市蓟县城东的毛家峪长寿村内，总占地面积 30 万平方米，是天津市首个集滑雪、度假住宿、景区游览、娱乐互动于一体的综合性度假村，也是天津地区规模最大、设备最先进、雪道种类最齐全的滑雪度假胜地。雪场被规划为滑雪场综合服务中心、标准初级滑雪道、优质中级雪道、雪上冲浪道、练习和戏雪平台、魔毯输送机、终点缓冲区七大分区，拥有客房、餐厅、咖啡吧、超市、休息区、影吧、停车场等配套设施，并配有专业滑雪教练。除滑雪外，还有雪地坦克、悠波球、雪圈等各类雪地新项目，还针对儿童提供专门的滑雪场地，开办了嬉雪园，有堆雪人、打雪仗、推雪圈、雪橇等儿童游乐项目。雪场四面环山，景色优美，生态覆盖率高达95%，冬季可滑雪，春季可踏青，夏季可嬉水，秋季可采摘，称得上动静结合，冷暖兼备。

（四）武威塔尔湾冰雪嘉年华

武威塔尔湾冰雪嘉年华以"敬天爱人，合作共赢"为核心，属四季综合性雪场，从滑雪场的选址到雪道的开发，都遵循"天人合一"的传统理念，注重可持续发展能力，建有儿童滑雪区、灯光滑雪区、跳台滑雪区、大面积的滑雪区域以及滑雪圈道、狗拉雪橇道、越野滑雪道等，可容纳1000人同时滑雪、嬉戏。该项目在规划伊始，就制订了"打造人气、形成商气、带动地气"的三步走方案。具体来说就是在初、中、高级雪道等运动场所的带动下，形成人流、聚集人气，进而通过商服、餐饮、运动、竞技等休闲配套，增加游客黏性，最后以承办国际赛事的滑雪场、地域性休闲滑雪中心等休闲运动中心，带动周边产业发展、形成滑雪产业链。

 知识链接

滑雪场所等级划分与评定

等级划分与标识

1. 滑雪场所等级分为三级，从高至低依次为A、B、C。

2. 等级标识分别用A、B、C三个字母表示。

通用必备条件检查项目

1. 滑雪场所应证照齐全，连续运营满两年。

2. 滑雪场所经营主体近两年内未发生严重违反国家法律法规、规章的行为，未发生重大安全、消防、食品、环保、质量等责任事故，未被列入国家企业信用黑名单。

3. 滑雪场所应符合GB190796规定的开放条件与技术要求。

4. 滑雪场所的室内区域应有应急照明设施。

A 等级滑雪场所必备条件检查表

1. 滑雪道面积应不少于 300000 m^2。

2. 应有初、中、高级滑雪道，且高级滑雪道不少于 2 条。

3. 应有单板滑雪、双板滑雪项目，并专设单板滑雪场地。

4. 应有客运架空索道。

B 等级滑雪场所必备条件检查表

1. 滑雪道面积应不少于 200000 m^2。

2. 应有初、中、高级滑雪道，且中级滑雪道不少于 2 条。

3. 应有单板滑雪、双板滑雪项目，并专设单板滑雪场地。

4. 应有客运架空索道。

C 等级滑雪场所必备条件检查表

1. 滑雪道面积应不少于 100000 m^2。

2. 应有初、中级滑雪道，且中级滑雪道不少于 2 条。

第三章

滑雪场岗位实践

 学习目标

1. 了解不同岗位的岗位职责；
2. 掌握滑雪场不同岗位的工作流程和注意事项。

第一节　财务部服务与管理

一、岗位职责

（一）财务经理（会计主管）岗位职责

1. 财务经理（会计主管）在财务总监（财务部经理）领导下，具体负责公司的财务预算、会计管理工作以及日常会计核算工作。

2. 严格财务开支标准和手续，遵守记账规则，正确使用会计科目，负责编制会计凭证、审核原始凭证，做好结账、报账和公司财务会计档案归档工作。

3. 负责公司收入、费用、债权债务、资产管理和应交税金的核算工作，监督并参与公司固定资产、低值易耗品的购置计划、采购、审验登记并定期清查、盘点，对发现的问题应查明原因，并提出处理意见。

4. 编制、汇总会计报表，定期编写财务分析报告，并做好年终决算工作。

5. 负责公司票据的印制、领购、开具、保管工作。

6. 熟悉并掌握国家的法律法规，自觉遵守公司的财务纪律和规章制度。

7. 负责指导、管理和监督一般会计、出纳人员按照各自的职责开展工作。

8. 监督和制止违反财务制度的行为。

9. 负责旅行社、俱乐部、专兼职销售人员、公司员工销售业绩提成的登记和结算。

10. 负责挂账单位合同签订和结算工作，协助领导和其他部门分头要账。

11. 担负 VIP 窗口的收银结算工作。

12. 负责管理监督会计、出纳和收银员的工作。

（二）出纳员岗位职责

1. 在财务部经理和会计主管领导下，协助会计做好账务处理工作。

2. 严格按照国家有关现金管理、支付结算法律制度、票据法律制度和本公司的有关财务管理各项制度，办理现金收付和银行结算业务。

3. 负责现金和银行存款的核算工作，正确使用会计科目，认真填制记账凭证，及时登记现金和银行存款日记账，并按期编制银行存款余额调节表。

4. 及时掌握银行存款余额，严禁签发空头支票，不准将银行账户出借给任何单位或个人办理结算。

5. 负责保管公司的现金、有价证券、空白收据和空白支票。

6. 负责财务开支的初审、报销、记录工作，定期编制公司开支明细表。

7. 负责管理和监督收银员的各项工作。每天与收款员逐笔核对营业款，双方盖章确认，要做到大小写清楚、明晰、无误。

8. 办理公司有关税收的申报及交纳工作。

9. 监督并制止违反财务制度或规定的行为。

10. 每日上班后首先检查收银员滑雪单的使用情况，对当日或近期的开票量做出合理估计后，进行单据的适量配发，要保证收银员每日下单工作的连续、正常进行，但是也不能因收银员手中积压过多单据而对管理工作造成不便。

11. 做好对售票人员领、销票的及时登记，每日合理配发相对应的门票，对门票做好日销及库存统计工作。

12. 做好对收银员备用金领取及零钱的兑换工作，不能因付款找零工作而耽误游客的时间。

13. 每日根据实际的营业情况，及时收取收银员手中已结清的营业款项，并逐笔进行确认登记，做到大小写正确、双方款项来源备注齐全。

14. 每日及时准确地统计汇总并登记前一日的各项营业收入。

15. 对发票的开具统计工作进行专项专管、日清日结。

16. 在售卡（票）统计工作方面，对不同种类、不同面值的卡（票）进行分类统计汇总，不但要做到日清日报、月清月报，同时在必要的情况下，对单个营销人员或部门设立专项统计。

17. 对各类营业收入除当事人双方明了之外，还应由第三方同时登记确认。

18. 担负 VIP 窗口的收银工作。

（三）VIP 窗口岗位职责

1. 按时上下班，保持在岗在位。

2. 按规定着装，佩戴工牌，仪表整洁。

3. 微笑服务，热情周到，待客和善。

4. 严格执行财务和收银制度及其收银工作流程。

5. 每天分类、分项做好营业统计工作，及时上报公司领导。

6. VIP 窗口人员配备至少两人一组。收入与账（单）、收入与票、卡分管；设专人负责团队和旅行社的统计、挂账和免单的统计，班车的统计。每天做好团队接待工作，对旅行社、俱乐部、营销人员的业绩统计、教练费的业务统计要仔细认真，每天进行汇总。

7. 对公司招待、挂账消费做好登记统计工作。招待必须有董事会授权的公司领导签字、注明单位、有滑雪者的证件及押金；挂账必须事先签订挂账消费协议（或公司领导签字确认），消费时注明消费单位，必要的证件、押金，当事人需签字确认。

8. 办理结算手续要快捷高效、准确无误。

9. 及时做好对特殊情况的处理及协调工作。

10. 负责培训收银员的业务工作和相关营销政策。

（四）收银员岗位职责

1. 按时上下班，保持在岗在位。

2. 认真做好营业前的准备工作，按规定着装，佩戴工牌，仪表整洁。

3. 营业前请领取备用金并清点确认；收银 2 人一组，责任分明、相互监督，各组人员定期轮换。一人负责开单、结算，一人负责收钱、找零。

4. 熟记各项收费价格及营销政策等。

5. 收银时要唱收唱付，如："收您多少元，找您多少元，请走好，欢迎下次光临。"

6. 收银工作要做到准确、快速、无误，对顾客要微笑服务，热情耐心接待。

7. 认真清点和保管所受理的现金（卡）和票据、证件，并按规定鉴别真伪，收到假钞、发生短款，责任自负。

8. 当游客滑雪完毕出示结算单时，收银员应当首先找到滑雪单存根归还游客的有效证件，以免结算后忘记，如果忘记应由收银员负责联系游客及时归还；结算完毕（滑雪单必须填写大写），游客需要开发票时，及时通知开票人员单号及金额，由游客到开票处领取。

9. 如遇客服人员填写时间不清晰或出现填写错误，应在第一时间通知收银主管，由收银主管直接与客服主管交涉，迅速解决，不能让游客久等。

10. 要按时交接班，不准擅离岗位。如到规定就餐或下班时间，仍有顾客等待办理手续，必须办理完毕再去就餐或下班。

11. 营业结束后，按所收款项填写交款清单，本人签字确认后将款上交；次日，各小组交换复核收款单据的金额、顺序号并由经办人和复核人签字。

12. 及时向收银主管反馈营业信息及顾客信息等。

13. 顾客遗失的物品要及时上交。

14. 发生顾客抱怨或由于收银有误，引起顾客前来投诉交涉时，应通知收银主管（服务台）前来处理，防止影响正常的收银工作。

15. 在非营业高峰期间，服从安排，做好其他工作。

16. 提前 15 分钟到岗接班。

二、工作流程

（一）门票销售流程

由收银员领取门票，在门票领用簿上登记。由售票窗口进行售票，每天营业结束核销门票。

要求：

（1）领用门票数量、种类必须由收银员与门票管理员双方签字确认。

（2）窗口售票人员要熟练掌握相关的销售政策、优惠活动、票卡等产品的价格；能够准确回答游客提出的各种问题。

（3）每天对销售的门票进行分类统计，做到清楚、明了。

（4）每天营业结束，交款并核销已售门票数量、种类。

（二）收银、结算流程

收银员领取备用金，为游客办理入场手续和出场手续，营业结束后交款，核销备用金。

要求：

（1）收银员领取备用金必须登记备用金领用簿，与出纳双方签字确认。

（2）备用金原则上不超过300元。

（3）收银员要站立服务，面带微笑，使用"您好""欢迎光临""请出示一下您的门票""请问您几个人滑雪""请问您要进行哪些娱乐项目""请出示一下您的证件""请您交纳××元押金"等规范语言。

（4）填写滑雪单时一定要注明顾客姓名、押金金额（大写），并告知顾客不要丢失滑雪单，以免影响结算。

（5）结算时，看清消费项目及租赁雪具的起止时间，迅速准确地给顾客结算，遇到问题及时向财务经理反映。

（6）结算结束后使用"请慢走""您是否需要开发票""欢迎下次光临"等语言。

（7）每天营业结束营业款交出纳处，登记营业款流水账，签字确认；同时填写收银交款单，与出纳双方签字确认（一联交出纳，一联由交款人保存，以备查）。

（8）每天营业结束，收银员按小组交换核对一天结算的滑雪单，进行分类、统计、顺序编号、汇总后交财务经理。

（9）点钞速度100张/分，结账速度要求在30秒内完成一张单子。

常用问题处理

1. 如有游客问："为什么还要出示门票呢？"

答：我们是凭门票办理滑雪手续，押金也是按您的滑雪人数来收的。

2. 如有游客问："为什么还要押证件啊？"

答：我们是凭滑雪单办理结算手续，假如您在滑雪过程中不慎将单据丢失，让别的顾客拾到，别的顾客就有可能到收银台退押金。证件是您的身份证明，结算时可以起到相互印证的作用，以免出现差错，使您受到不必要的损失。

3. 如有游客问："你们滑雪怎么收这么多的押金啊？"

答：我们收取的这个押金，一方面是滑雪用具的押金，以防丢失；另一方面，您在我们雪场滑雪消费的费用都是从押金里结算的，多退少补。

第二节 营销部服务与管理

一、组织架构

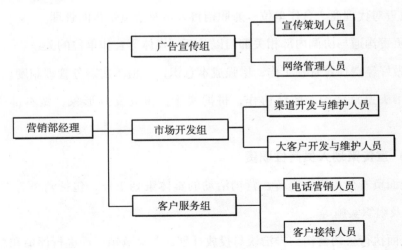

图3－1 营销部组织架构图

二、岗位职责

（一）营销部经理岗位职责

1. 在公司总经理、分管副总经理的领导下，全面负责公司整体营销工作和本部门的管理工作，并按照公司确定的产品销售目标，带领本部门营销人员积极完成销售任务。

2. 负责组织市场调研和预测，制定市场营销规划，拟定业务发展战略和各阶段计划。

3. 负责制定出台公司产品、价格体系，规划公司品牌形象、促销活动等企划案。

4. 贯彻服务营销理念，组织、管理并监督对客户实行全方位跟踪服务，以口碑效应吸引客户。

5. 负责调查公司产品和竞争对手产品在市场上的销售情况，综合客户反馈意见，形成市场调查报告并提交公司决策层，及时改进销售工作。

6. 负责组织大客户的营销，建立和稳固客户资源，抓好客户档案和营销体系的建立。

7. 负责组织营销人员的培训，建立销售指标责任制，提升销售业绩。

8. 负责定期召开营销会议，总结营销经验，部署营销任务，褒奖销售典型，促进营销任务的完成。

9. 负责对代理商、合作单位、兼职销售人员及全员销售的管理。

10. 负责沟通与协调内部相关部门以及新闻媒体等合作单位的关系。

11. 做好经费预算管理工作，增强成本意识，严格落实财务管理制度。

12. 带头遵章守纪，团结协作，拼搏实干，树立良好形象，做本部门员工的表率。

（二）宣传策划人员岗位职责

1. 全面负责公司广告宣传、营销活动的整体策划工作，包括营销方案的拟定、活动策划及组织实施等。

2. 全面执行公司营销广告洽谈与投放计划，并对营销活动进行评估和总结。

3. 定期进行市场调研，每周要对同行业以及客源市场进行调研分析，提交市场分析报告。

4. 负责公司资料档案的建立和管理工作。包括历次营销活动方案、广告预算及合同资料、报纸广告及软文、各项营销收费单据、各项营销扣款审报、部门内人员的档案、营销内外活动的记录、整理、拍录设备的管理维护等。

5. 负责协调和处理与媒体的关系。

6. 完成公司及部门领导安排的其他工作。

（三）网络管理员岗位职责

1. 按照国家关于网站建设和网络管理的法律法规，以及公司经营发展的要求，承担公司网站的建设和管理工作。

2. 负责公司网络宣传推广工作，设计制作网页，适时更新网站内容，及时发布活动信息，开设和搞好滑雪论坛，充分利用和发挥网上宣传推广的作用。

3. 负责公司网上销售平台的建立与维护，参与和制定公司的网络销售计划，推出网上优惠促销活动，加大公司经营项目和滑雪产品的网上销售力度，取得网上销售的最佳效益。

4. 负责公司网站内容的更新与日常维护。

5. 收集网络信息，及时反馈客户意见和建议，及时消除网上不利信息。

6. 做好系统的安全防范工作，对网络设置的口令和密码做好保密工作，不得向无关人员泄露，对关键的数据和信息要定期做好备份工作。向网上发布信息和内容，须经领导审查同意。

7. 着装和仪表整洁，注意营销礼节礼貌，网络留言文明、规范，树立公司网络营销的良好形象。

8. 遵章守纪，团结协作，拼搏实干，努力完成本职工作。

（四）渠道开发与维护人员岗位职责

1. 在营销部经理领导下积极主动地做好市场推广渠道维护工作。

2. 熟悉公司的销售策略和产品、项目的优势，善于了解和掌握市场情况，增强市场推广销售工作的针对性和有效性。

3. 勇于吃苦，坚韧不拔，顽强拼搏，努力开发渠道市场，力争超额完成销售指标任务。

4. 增强团队意识，搞好团结协调，为提升团队销售业绩和完成公司确定的销售目标多作贡献。

5. 增强服务营销意识，想顾客所想，把服务贯彻到整个营销工作中，靠服务和口碑赢得顾客。

6. 严格执行公司营销政策、宣传口径以及销售工作纪律，自觉维护企业形象，不得从事有损公司利益的任何活动。

7. 注重着装仪表和言谈举止，注意营销礼节礼貌，从细微之处展示公司营销人员良好形象。

（五）市区集散中心管理人员岗位职责

1. 在营销部经理领导下，负责组织和管理市区直销工作以及集散中心的接待工作。按照公司营销策划计划，实施销售以及客户洽谈，获取市场开发的最大效益。

2. 负责收集分析市场情况，及时反馈市场信息。

3. 负责散客接待以及车辆的安排工作。

4. 参与同大客户的洽谈、合作与销售工作。

5. 负责开发和管理兼职营销人员，协调和管理好市区整个直销的统筹安排。

6. 抓好中心设施以及营销资料的管理，建立完善档案资料管理制度。

7. 负责做好市区滑雪产品的销售工作，并保证销售资金的及时回收。

8. 着装、仪表整洁，注意营销礼节礼貌，展示公司营销人员良好形象。

9. 遵章守纪，团结协作，拼搏实干，努力完成本职工作。

（六）电话营销人员岗位职责

1. 全面熟悉公司的经营项目、行业特点、服务手册以及营销管理方案与流程。

2. 严格按照电话接听流程与规范进行来电接听、答复工作，认真解答游客的来电咨询，并做好登记、汇报。

3. 接听咨询热线要讲普通话，语速适中，文明礼貌，和蔼客气，文明服务。

4. 解答咨询要准确，简洁明了。对不清楚或不知道的问题，不乱解答或答"不知道"。如有领导在可及时请示领导后再解答，一时解答不了，可将游客电话记下，以后再去电作解答。需要部门解答的，可转到部门作解答。

5. 不得拒接游客咨询电话，不得对游客没礼貌、冷漠，斥责游客，不得同游客在电话中吵架，不得中途挂断游客电话。

6. 对游客电话反映的重要问题和好的建议，要认真记录，并迅速报告领导。

7. 做好客户档案资料的登记和保管。

（七）客户接待员岗位职责

1. 在营销部经理的领导下，负责客户的咨询接待工作。

2. 学习公司的营销服务体系以及客户接待流程与规范，做到心中有数。

3. 认真执行客户接待的流程与规范，做好本职工作。

4. 闲时负责接听公司的咨询热线，解答游客的咨询，并认真做好登记。

5. 做好促销性活动的组织安排工作。

6. 负责团队卡的制作与管理工作。

7. 参与危机事件的公关工作，及时处理客户纠纷与投诉。

8. 协助参与顾客调查，并做好调查后资料的登记工作。

9. 完成公司领导安排的其他工作。

三、工作流程

（一）市场开发与维护（渠道、大客户）流程与规范

相关资料准备齐备、到位，具体包括宣传彩页、价格表、名片、记录本、协议书、笔以及相关信息资料等。与客户进行电话预约后，上门拜访，合作洽谈。若有意向合作，及时跟进，深入洽谈，签订合作协议，资料备份上报，随时进行服务维护、跟踪回访。若无合作意向，则需维护建立联系，择机回访。

1. 着装整洁，谈吐清楚、有礼貌，充分显示雪场良好的品牌形象。

2. 在约定拜访时间前 5 分钟到达预约地点，做好洽谈准备工作。

3. 见面洽谈首先要打招呼问好，呈递名片、资料；接着做自我介绍，说明来意，然后进行具体合作洽谈。

4. 洽谈过程中对于客户的重点要求要做好记录，对于政策权限范围之内的要求可以现场给予答复，对于超出权限之外的特殊要求待洽谈结束请示相关领导后及时给予回复。

5. 洽谈结束时对本次洽谈要点进行总结确认，确保清楚、完整，并得到客户认可，以进一步明确合作共同点和待处理重点，有针对性地开展跟进工作。

6. 洽谈结束时约定下次拜访时间，保持电话沟通，防止竞争对手介入。

7. 对客户资料进行整理备份，做好服务维护与跟踪回访，直到签订合作协议。

（二）滑雪产品销售流程与规范

具体流程为：填写票卡领用申请单，由部门经理签字、财务部核实，然后由财务经理签字，办理领卡手续，进行票卡销售、票款回收，最后开具发票。

1. 必须严格按照公司关于销售滑雪产品的政策及流程要求开展销售工作，不得随意降低或变相降低滑雪产品市场价格，更不得随意透露产品销售底价。

2. 营销人员领用滑雪产品后必须保证滑雪产品的安全性，如有遗失，责任自负。

3. 在领用滑雪产品销售完毕后必须尽快将销售票款交回财务部，最迟时间为一周，如有特殊情况必须提前向有关领导汇报，征得同意后方可后延。

4. 销售滑雪产品人员必须保证滑雪票款的全额回缴，否则责任自负。

5. 在票卡的销售过程中，必须提前了解顾客是否需要开具发票，如顾客预订票卡时需要开具发票时，可以在办理滑雪手续的同时，一并将发票开出，如顾客临时性购票，可以先开收据，然后告知顾客滑雪消费时凭收据到雪场更换发票。

6. 销售滑雪产品的奖励兑现按照公司的营销政策规定执行。

（三）广告宣传投放流程与规范

具体流程为：拟订广告计划，由分管领导签字，预约媒体洽谈、签订广告合同，进行广告策划制作，预付广告费用，进行广告投放，并监督反馈效果。

1. 广告计划要按照雪期宣传营销方案有计划、分步骤、有针对性地进行投放，无特殊情况（市场、竞争对手、气候）不得随意变动。

2. 广告宣传内容、版面设计、媒体投放方式以及投放时机的选择等，必须策划到位、切实可行，具有较强的针对性和可操作性。

3. 广告投放必须经分管领导签字同意后方可实施。

4. 实行招标的方式选择合作媒体，尽量选择宣传实力强、专业正规的媒体公司，提高宣传推广的效果和水平。

5. 适当采取置换的形式（利用平日滑雪券置换部分广告费用）降低广告费用的支出，扩大广告宣传面。

6. 广告合同签订后必须协调相关部门（总经理办公室、财务）及时办理合同手续（付款、置换票等），以免延误广告投放的最佳时机。

7. 加强对广告投放时间及效果的监督检验，注意收集相关部门对广告投放效果的反馈信息，敦促合作方认真全面履行合同内容。

（四）团队接待服务流程与规范

具体流程为：团队预订后做好接待准备，包括安排接待人员、明确接待要求，下三联单。团队到位后，办理滑雪手续，为滑雪者讲解示范，领取装备入场，就餐时间安排就餐，结束后办理离场手续，归还雪具、费用结算，欢送游客离开。

1. 接待人员要求。

（1）着装整洁，态度和蔼，面带微笑，佩戴接待员专用胸牌，充分显示雪场接待人员的良好形象。

（2）文明用语：问候语"您好"；请求语"请"字；感谢语"谢谢"；抱歉语"对不起"；道别语"×××滑雪场欢迎您的再次光临"。

（3）坚守工作岗位，及时接待客户。

2. 接待前准备工作要充分，到位。

（1）每个团接待人员固定，责任到人。

（2）准确确定团队人数、鞋号、到团时间、消费项目、是否就餐等具体细节，提前下三联单（大客服、财务、美食城）。

3. 接待过程中要全面按照接待流程接待，要细心、周到、有序。

4. 接待结束后，请团队领队填写接待意见单，作为接待人员的考核依据。

5. 接待过程中，遇到游客有临时性特殊需求时，必须提前协调相关部门妥善安排。

6. 接待过程中遇发生团队纠纷必须妥善处理（见危机事件公关流程与规范），并及时上报相关领导。

（五）业务单位接待流程与规范

具体流程为：填写招待申请，部门经理和分管副总分别签字，总经理办公室主任安排接待，办理滑雪手续，安排餐饮，然后欢送返程。

1. 业务单位接待必须提前向分管领导汇报，征得同意后填写招待申请单。

2. 招待申请审批程序必须按照公司的规定严格执行，不得随意安排接待工作。

3. 按照公司的招待要求以及招待标准进行接待工作，不得擅自提高招待标准。

4. 接待人员在接待过程中要灵活、主动，妥善处理和协调与业务单位的关系，体现较强的公关技巧。

（六）**客户资料登记、统计流程与规范**

具体流程为：客户资料登记，对客户资料进行有效分类，筛选近期和中远期潜在客户，近期客户交由负责人，中远期客户做好登记。然后对客户信息进行分类汇总，建立客户档案。

1. 客户档案资料登记准确、无误。

2. 对客户资料进行分析时要尽可能完整、有效，特别是近期需要处理的潜在客户，在转交的过程中对于客户的需要须做好详细记录，并且准确地进行转达。

3. 重要客户档案资料必须妥善保管，特别是合作协议内容以及客户的重要信息，未经允许不得外泄，真正做好档案资料的保密工作。

4. 对于需及时回复处理的客户要求，必须尽快交予相关人员进行妥善回复处理。

5. 对重要客户进行不定期的电话回访，以保持客户资料的不断更新。

6. 客户档案资料分类明确，存放有序，便于查找。

（七）**会员申办流程**

具体流程为：游客可在网上和雪场进行会员注册，签订会员协议，交纳会费则成为贵宾会员，不交纳会费则成为普通会员，最后领取会员卡。

（八）**网络销售流程**

具体流程为：用户注册，查询票卡信息，填写订单信息，核对信息后提交订单，等待确认。异地客户凭登记有效证件在雪场办理；本地客户提供送票服务。

知识链接

网上销售实施细则

第一步：用户注册

1. 登录公司网站，点击用户注册图标，进行注册。

2. 已注册过的用户，直接在用户登录处登录。

第二步：查询票卡信息

1. 在滑雪产品一栏中查看票卡相关信息（种类、价格、包含内容以及详细使用说明等）。

2. 选定网上订票一栏，详细了解网上订票须知。

第三步：填写订单信息

1. 按照系统要求仔细填写个人信息，包括姓名、性别、年龄、有效证件类别号码、居住地、联系方式等。

2. 选择送票方式。

3. 如有特殊要求可在备注栏里注明。

4. 按"预订"进入核对界面。

第四步：核对预订信息，提交订单

1. 仔细核对票卡种类、预订数量、联系人、送票详细地址等信息。检查是否与预订相符，如果所填内容需要修改，请按"重填"。

2. 按"提交"，订单即提交至网站进行处理。

第五步：等待确认，收取票卡

公司在收到订单后根据填写的送票时间和送票地址会马上安排就近售票网点及时提供免费送票服务，并收取票款。

（九）危机事件公关流程与规范

具体流程为：建立危机事件公关预案，当出现客户纠纷时，首先要安抚游客，同时上报客服中心，协助事件的处理工作。积极与领队交流沟通，进行客户后续维护。

1. 全面了解危机事件公关预案流程以及相应的应急处理措施，做到思想重视，心中有数。

2. 危机事件一旦发生，应尽快安抚游客，防止事态纠纷进一步恶化。

3. 立即上报大客服部，协调客服部进行事件处理工作。如遇顾客摔伤等情况，要及时协调客服将受害人送往医疗机构救治。

4. 要加强与领队的沟通与交流，分析事故原因，如确系雪场原因，要及时向游客道歉，并协助客服部进行妥善处理，把不利影响降到最低。

5. 做好事故处理善后维护工作，及时电话慰问沟通，以积极主动的态度进行维护交流，以减少事件对雪场品牌形象的不利影响。

第三节　客服部服务与管理

一、岗位职责

（一）客服部经理岗位职责

1. 在总经理和分管经理的领导下，负责公司的客服工作。

2. 全面负责客服工作计划的制定和实施，确保客服工作有序进行，使游客对服务工作的满意度达到95%以上。

3. 负责客服人员的招聘，制定客服培训计划，组织培训和考核，确保员工的整体服务素质。

4. 组织实施督察、奖罚，确保服务质量，管理严格，秩序井然，无重大差错发生。

5. 全面负责游客的投诉和滑雪受伤的处理，达到妥善处理，维护公司和游客的利益。

6. 负责抓好团队精神的培养，使本部门具有良好的风气、较强的凝聚力和向心力。

7. 善于收集游客的意见，向公司提出改进客服工作的建议，不断提高服务水平。

8. 带头遵章守纪，埋头实干，做好员工的表率。

（二）客服部主管岗位职责

1. 在经理的领导下，负责组织雪具大厅的客服工作。

2. 按规定的服务流程和标准组织展开客服工作，为游客提供高效优质服务。

3. 负责组织雪具的盘点工作，确保雪具无丢失。

4. 负责员工的考勤工作。

5. 协助经理做好员工的思想工作，了解反馈员工的思想状况，搞好团队建设。

6. 协助经理做好员工的招聘、培训工作，负责抓好员工经常性培训及考核。

7. 带头遵章守纪，埋头实干，做好员工的表率。

8. 当经理不在岗时，代行经理的职责。

（三）综合组领班岗位职责

1. 在主管的领导下，负责组织做好总台接待服务，雪服、衣柜钥匙出租服务及保洁工作。

2. 负责组织雪服的不定期清洗、修补、烘干和衣柜内的清洁。

3. 负责组织雪服、衣柜钥匙的清点工作，保证服装、钥匙无丢失。

4. 负责检查卫生保洁工作，保证卫生无死角。

5. 督促检查员工落实服务工作标准。

6. 负责对雪服损坏的和衣柜钥匙丢失的按规定进行索赔。

7. 配合主管做好员工的思想工作，反馈员工的思想状况，搞好团队建设。

8. 带领本组员工圆满完成客服接待任务。

9. 带头遵章守纪，埋头实干，做好员工的表率。

（四）雪具组领班岗位职责

1. 在主管的领导下，负责雪具（雪板、雪鞋）、雪圈出租服务及管理工作。

2. 负责组织雪具、雪圈的出租和收回，做到高效快捷。

3. 负责组织雪板清洁、雪鞋烘干除臭工作。

4. 负责组织雪具清点工作，确保雪具不丢失。

5. 督促检查员工落实服务工作标准。

6. 负责雪具损坏、丢失的索赔。

7. 负责做好雪具柜台内的卫生保洁工作。

8. 配合主管做好员工的思想工作，及时反馈员工的思想状况，搞好团队建设。

9. 带动本组员工圆满完成客服接待任务。

10. 带头遵章守纪，埋头实干，做好员工的表率。

（五）迎宾岗位职责

1. 按时上下班，保持在岗在位。

2. 统一着装，佩戴工牌、身披绶带按标准站姿在指定位置站好，面带微笑，"请"字当头，"您好"常挂嘴边，做好迎宾服务。

3. 微笑问候顾客，礼貌迎送。迎宾人员问候语，游客到达时："您好，欢迎光临"；游客离开时：四点之前，一人说"您好"，其他人员只鞠躬示意，四点之后说"您好，欢迎下次光临"；公司所有领导及员工：一人说"您好"，其他人员只鞠躬示意。

4. 门口来找人，让其稍等，问清游客身份及问题后，告知总台电话联系，不要冷落游客，要注意礼节礼貌，听从领导安排。

5. 热情引领游客办理滑雪手续，并简要介绍雪场情况和有关滑雪及安全知识。

6. 引领游客行走速度要配合顾客的频率，保持一二步距离。

7. 解答游客提问要热情有耐心，如不了解，可寻求他人帮助，或介绍到相关部门，不能讲"不知道"。

8. 自觉遵守规章制度，服从管理。

（六）总台接待岗位职责

1. 按时上下班，保持在岗在位。

2. 统一着装，佩戴工牌在指定位置，按标准站姿站立面带微笑，"请"字当头，"您好"常挂嘴边，做好总台接待工作。

3. 负责接待解答游客的咨询，态度要和蔼，要认真倾听，迅速、准确地回答游客的问题，并做好登记。对不清楚或一时无法回答的问题，应说"对不起，我立即为您查资料"，不可说"我不知道"。

4. 回答游客问题时，不可涉及顾客私密，不可泄露游客号或姓名，尤其是 VIP

的有关信息。

5. 熟知雪场的情况、有关规定、滑雪和安全知识等。

6. 及时、妥善地处理游客留言及游客交办事宜，并做好记录。

7. 负责游客投诉接待，及时汇报部门领导处理，并做好记录。

8. 负责对滑雪摔伤游客的电话回访，并做好记录，回访时间不得超过一天。

（七）广播宣传员岗位职责

1. 按时上下班，保持在岗在位。

2. 统一着装，佩戴工牌。

3. 负责制定广播时间表、录制播音视频，定时进行播放。

4. 负责及时广播找人、寻物等信息。

5. 播音要用普通话标准，声音要甜美、语速要适中、吐字要清楚，具有亲和力。

6. 自觉遵守规章制度，服从管理。

（八）医护人员岗位职责

1. 按时上下班，保持在岗在位。

2. 统一着装，佩戴工牌，微笑服务。

3. 迅速做好受伤游客救治工作。对伤重的游客，做临时性包扎，并及时报告经理，申请车辆迅速送往医院。

4. 严格按照医疗操作规范对受伤者实施救治。

5. 做好每一位受伤人员记录，包括姓名、住址、联系方式、受伤情况及临时救护方式，并存档、备案等。

6. 受伤人员及家属情绪容易激动、态度粗鲁，要进行安抚，耐心救治，不能发生冲突。

7. 配合保险公司做好伤后的赔付工作。

8. 现场急救用品以及药品要经常检查，保持完好（担架、氧气袋、止血袋、绷带、止血药、创可贴、纱布、棉球等）。

（九）雪服出租服务员岗位职责

1. 按时上下班，保持在岗在位。

2. 统一着装，佩戴工牌，按标准站姿站立面带微笑，"请"字当头，"您好"

常挂嘴边，做好雪服出租服务工作。

3. 负责雪服的出租和收回工作。

4. 认真填写滑雪单据，不得涂改。

5. 每套雪服出租后要让游客检查，号码不合适要及时调换。

6. 保证雪服的清洁、干净、无异味。

7. 检查归还的雪服是否有破损，有无游客遗留的物品。

8. 自觉遵守规章制度，服从管理。

9. 对游客友情提示："领取雪服时，请检查雪服是否有破损；收回雪服时，请您仔细看一下雪服内是否有遗留物品。"

（十）衣柜出租服务员岗位职责

1. 按时上下班，保持在岗在位。

2. 统一着装，佩戴工牌在指定位置，按标准站姿站立面带微笑，"请"字当头，"您好"常挂嘴边，做好衣柜出租服务工作。

3. 刚退还的钥匙不得出租，至少20分钟后方可出租。

4. 认真填写滑雪单据，不得涂改。

5. 对丢失衣柜钥匙的，按规定进行索赔。

6. 游客多人合租的衣柜，不得用备用钥匙替其中一人开柜。

7. 自觉遵守规章制度，服从管理。

（十一）大厅服务人员岗位职责

1. 按时上下班，保持在岗在位。

2. 统一着装，佩戴工牌在指定位置，按标准站姿站立面带微笑，"请"字当头，"您好"常挂嘴边，为游客提供指导穿鞋等服务。

3. 疏导大厅内游客，维持大厅的运营秩序。

4. 负责指导和帮助游客领取雪具。

5. 负责及时快捷指导游客穿鞋。

6. 负责帮助滑雪结束的游客归还雪板。

7. 负责指导游客行走时的拿板方式。

8. 负责衣柜区的安全工作。

9. 服务过程中及时与游客交流，注意使用敬语。

10. 在与游客交流时，推荐滑雪教练。

11. 自觉遵守规章制度，服从管理。

12. 对游客友情提示："请您行走时后脚跟先着地；请您保管好自己的随身物品；请您直立拿板，以免碰到他人，谢谢！"

（十二）雪具出租人员岗位职责

1. 按时上下班，保持在岗在位。

2. 统一着装，佩戴工牌在指定位置，按标准站姿站立面带微笑，"请"字当头，"您好"常挂嘴边，做好雪板、雪鞋的出租服务工作。

3. 坚持"服务第一，宾客至上"，主动、热情为游客服务。

4. 认真填写滑雪单据，不得涂改。

5. 出租雪具要迅速快捷，让游客检查，不合适及时调整更换。

6. 收回雪具要快捷并检查雪具是否完好无损，如有损坏，按规定索赔。

7. 及时清洁雪具，搞好卫生工作。

8. 自觉遵守规章制度，服从管理。

9. 对游客友情提示："领取雪板、雪鞋时，请您检查是否有损坏。"

10. 对游客安全告知："请您在进入滑雪场前，仔细阅读滑雪安全规则。"

（十三）雪场入口处服务人员岗位职责

1. 按时上下班，保持在岗在位。

2. 统一着装，佩戴工牌在指定位置，按标准站姿站立面带微笑，"请"字当头，"您好"常挂嘴边，为游客提供指导穿雪板等服务。

3. 负责开关雪场入口的大门。

4. 负责指导进入雪场顾客穿雪板。

5. 负责游客不适宜滑雪装具的联系调换。

6. 保持雪场出入口处畅通，游客较多及时疏导游客。

7. 自觉遵守规章制度，服从管理。

8. 对游客友情提示："请初学者到练习区滑行，不要在中级道下逗留。"

9. 对游客安全告知："为了您的安全，请您自觉遵守滑雪安全规则。"

（十四）雪圈出租服务人员岗位职责

1. 按时上下班，保持在岗在位。

2. 统一着装，佩戴工牌在指定位置，按标准站姿站立面带微笑，"请"字当头，"您好"常挂嘴边，做好雪圈的出租服务工作。

3. 认真填写滑雪单据，不得涂改。

4. 负责雪圈的出租和收回。

5. 及时清洗雪圈保持干净。

6. 负责雪圈柜台的卫生清扫工作。

7. 对带小孩的游客，提醒游客要看管好自家小孩，以免发生意外。

8. 对游客友情提示："请您看护好自己的小孩；祝您玩得开心。"

9. 自觉遵守规章制度，服从管理。

（十五）保洁人员岗位职责

1. 按时上下班，保持在岗在位。

2. 统一着装，佩戴工牌，仪表整洁。

3. 负责整个雪场内部和外部公共环境卫生。

4. 负责男女洗手间的卫生。

5. 卫生区域要随脏随扫，卫生间里拖把、抹布要做到清洁、干净、无异味。随时清扫大厅卫生及地面水渍，以免游客滑倒。

6. 负责洗手间卫生用品的领用。

7. 拾到游客遗留和丢失物品要及时上缴。

8. 自觉遵守规章制度，服从管理。

二、服务标准

（一）迎宾（女员工）

1. 营业时间内，迎宾应站到指定岗位，保持良好的站姿（抬头、挺胸、直立站姿，双手交叉贴于腹前，脚成"丁"字形或"V"字形）和微笑服务。

2. 游客来临时，见游客离大门还有3~5步距离时为其拉门，并鞠躬向游客问好（鞠躬60度），必要时可搀扶游客。人进门后迎宾引领游客，走在游客右前方，离游客 2～3 步距离，指引时右手手势伸向体前并五指并拢（手势不宜指示太高）。

3. 帮助游客办理手续、领取雪具等，完毕后返回自己的岗位。

语言规范：

"您好，欢迎光临！"

"请这边走！"

"请问有什么需要？"

"祝您玩得开心！"

（二）前台接待（女员工）

1. 指定岗位站好，保持良好的站姿（抬头、挺胸、直立站姿，双手交叉贴于腹前，脚成"丁"字形或"V"字形）和微笑服务。

2. 无论是现场接待还是电话接待，对游客的咨询应始终保持耐心。

3. 做到有问必答，不能说"不知道"。

4. 应游客要求，做好各项服务。例如：失物招领、广播、投诉等。

5. 做好向导工作：带领游客参观各游玩项目，帮其推荐或介绍公司的简介、安全须知、优惠政策等。

6. 针对团队游客做好全程服务。例如：事前的讲解，游玩过程中的各种协调工作。

7. 遇到突发事件，做好安抚工作，并及时请示有关领导做好协调工作。

8. 友善的建议或帮助初学者聘请教练。

9. 语言规范：万事"请"字开头，"对不起"常挂嘴边，做到一切以游客的利益为重。

（三）领取雪服

做好全心全意、微笑服务。

1. 站好站姿面带微笑等候游客的到来（抬头、挺胸、直立站姿，双手交叉贴于腹前）。

2. 游客来时微笑服务（问候语）并请游客出示滑雪单据，并根据游客的体形拿相应的雪服（雪服颜色可由游客自己挑选）。

3. 为游客拿取雪服时，时间不得超过 10 秒/位游客。

4. 雪服出租给游客后，提醒游客检查雪服，并核实后认真填写滑雪单据（数量、套数还是件数如实填写），数字一律大写，双手交给游客并提醒游客核实保管好，提醒游客需要租衣柜钥匙请到隔壁柜台租取。

语言规范，使用礼貌用语，态度友善。

"您好，欢迎光临！"

"请您出示一下滑雪单据。"

"请问需要什么颜色的雪服？"

"请您检查雪服是否有破损。"

"请您保管好自己的贵重物品。"

"请检查好您的随身物品以免丢失。"

"祝您玩得开心！"

（四）领取衣柜钥匙

1. 站好站姿，面带微笑，等候游客的到来（抬头、挺胸、直立站姿，双手交叉贴于腹前）。

2. 游客来到柜台前服务人员微笑服务（问候语）。

3. 游客出示滑雪单据，根据滑雪单据上的人数建议游客领取钥匙的数量（或询问游客随身带的物品是否多，建议游客领取钥匙的数量），主要听取游客最后的决定。

4. 服务人员要根据游客的客流量分配发放钥匙（分区域）。

5. 如实填写滑雪单据，数字一律大写，双手交给游客，并提醒游客核实保管好。

6. 如有团队预订，提前准备好团队所需的钥匙。

7. 游客领取钥匙时友善地提醒游客佩戴眼镜、帽子、手套等有助于滑雪的物品。

8. 每隔1小时巡视衣柜情况（卫生的清理、是否有游客将钥匙遗忘在衣柜上等）。

语言规范：

"您好，欢迎光临！"

"请您出示一下滑雪单据。"

"请问需要几把衣柜钥匙？"

"请您保管好衣柜钥匙以免丢失。"

"请您保管好自己的贵重物品。"

"祝您玩得开心！"

（五）领取雪具（雪鞋、雪板）

1. 站好站姿，面带微笑，等候游客的到来（抬头、挺胸、直立站姿，双手交叉贴于腹前）。

2. 游客来到柜台前微笑服务（问候语），并请游客出示滑雪单据，并询问游客几位滑雪。

3. 接过滑雪单据后先仔细看单据，并询问游客的鞋码和选择的项目，快速无误地为游客同时拿取对应的雪鞋和雪板（为游客同时拿取雪鞋、雪板时，时间不得超过 10～15 秒/位游客）。

4. 雪具出租给游客后，提醒游客检查雪具和看护好以免丢失，核实后认真填写滑雪单据（领取数量如实填写），数字一律大写，双手交给游客并提醒游客核实保管好。

5. 在填写滑雪单据的同时，告知游客滑雪时间多填了 10 分钟，请游客掌握好滑雪时间。

语言规范：

"您好，欢迎光临！"

"请您出示一下滑雪单据。"

"请问您的鞋号是多少？"

"请您检查好雪具，注意安全使用，以免损坏需要赔偿。"

"请您保管好自己的雪具以免丢失。"

"滑雪过程中请您注意安全。"

"祝您玩得开心！"

（六）大厅服务人员

1. 站好站姿（抬头、挺胸、直立站姿，女士双手交叉贴于腹前，男士双手自然背于身后），微笑服务，帮助游客拿雪板放到离游客衣柜较方便的地方，放好后并提醒游客雪板的位置以免拿错。

2. 帮助游客快速穿好雪鞋（小于 1 分/位游客）。

3. 提醒游客放好自己随身物品，并保管好自己的雪具以免丢失。

4. 必要时可搀扶、引领游客到达雪地。

5. 随时提醒在大厅携带雪板的游客行走时直立拿板。

语言规范：

"请您拉好雪服拉链，以免物品从口袋中滑落出来。"

"您好，我帮您拿雪板。"

"请保管好您的贵重物品。"

"小心地滑，请慢走。"

"请您直立拿板以免碰到他人，谢谢。"

"祝您玩得开心！"

（七）归还雪具（雪鞋、雪板）

1. 主动搀扶游客（滑雪归来时的游客比较疲惫）。

2. 见到游客滑雪归来，应主动上前帮助游客拿雪具交还柜台，并请游客出示滑雪单据。

3. 收到游客的雪具时检查是否有损坏。

4. 核实正确后认真填写滑雪单据（数量、时间等），数字一律大写，双手交给游客并提醒游客是否还要退还其他物品等。

语言规范：

"您好，请出示您的滑雪单据。"

"请问您在哪个柜台租用的雪具？"

"请您拿好滑雪单据。"

"您还有物品没有退还完毕，请您到相应柜台办理。"

"请到结算中心办理结算手续。"

"欢迎您的下次光临！"

（八）归还雪服、钥匙

1. 收到游客退回的雪服、钥匙时，检查雪服是否有破损及检查口袋内是否有游客的遗留物品。

2. 提醒游客是否有遗忘的物品在衣服口袋；提醒游客衣柜里是否还有遗忘的物品。

3. 如发现口袋内有物品，及时归还游客，并提醒游客下次小心。

4. 检查完毕，核实正确后认真填写滑雪单据（数量等），数字一律大写，双手交给游客并提醒游客到结算中心办理手续。

语言规范：

"您的衣柜里是否还有遗留的物品？"

"请您检查雪服内是否有遗留的物品。"

"请到结算中心办理结算手续。"

"欢迎您的下次光临！"

（九）送客

始终保持良好的站姿和微笑服务欢送顾客，并感谢游客的到来。

语言规范：

"请走好，欢迎您再次光临。"

"请慢走，路上注意安全。"

"祝您一路顺风，谢谢！"

（十）卫生保洁

1. 保证各自负责的卫生区域内的环境卫生，给游客提供一个干净、清洁、明亮、舒适的环境。

2. 及时对大厅内垃圾桶进行清理，做到不留任何卫生死角。

3. 卫生间卫生每半小时巡视一次，在高峰期时段（10 点～13 点）每 10 分钟巡视一次，进行卫生清理及物品的配备等。

语言规范：

有游客经过必须停下手中的活儿，问候游客："您好！"

对出现在自己周围的游客都要微笑，点头示意，问候。

（十一）各岗位着装要求

1. 各岗位严格按照公司要求统一着装，保持干净、整洁。

2. 保持良好的自身形象。

3. 正确佩戴工牌。

三、工作流程

（一）游客进入雪场流程

雪具大厅迎宾微笑迎客，引领游客办理手续等，负责雪服、衣柜出租的工作人员接待协助游客领取雪服和衣柜钥匙，雪具出租工作人员协助游客领取雪具。最后，由大厅服务人员帮助游客换雪服、雪具，游客进入雪场。

（二）游客离开雪场流程

在游客返回大厅时，大厅服务人员及时帮助游客拿雪板，帮助游客脱掉和归还雪具，由雪具出租人员检查雪板并表示感谢，然后准确填写单据。负责雪服、衣柜出租的工作人员检查雪服并提醒游客办理手续。结束后，迎宾人员欢送游客并致谢，游客离场。

（三）游客受伤处理流程

遇到游客受伤的情况，医护人员要及时安抚游客，为游客诊治并确认伤情，由接待人员做好登记，如果受伤严重者要报告相关领导，相关领导与总经理办公室联系派车并妥善处理相关事宜。最后，由接待人员电话报保险公司，并做好电话回访工作。

（四）游客投诉处理流程

若接待人员接到游客投诉，先安抚游客并报告相关主管，由主管处理后做好记录，若遇到特殊情况要向相关领导报告，相关领导确定最后的解决办法，必要时签字确认，最后要做好对游客的回访。

（五）雪具损坏处理流程

若有游客雪具损坏，可咨询服务人员，服务人员报告相关主管处理，相关主管处理后单据签字确认，如遇到特殊情况要报告相关领导处理、解决，并签字确认，最后交由结算中心处理。

（六）雪具大厅的布置及雪具等物品的盘点、出库流程

与运营部进行相关物品的盘点、交接，包括：衣柜入厅、雪服入厅、雪具入厅

和其他物品合理摆放。

第四节 运营部服务与管理

一、组织架构

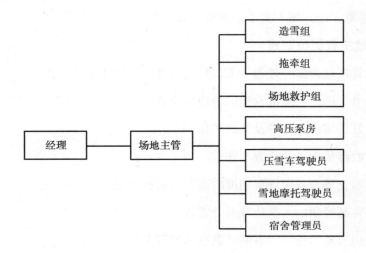

图 3－2 运营部组织架构图

二、岗位职责

（一）运营部经理岗位职责

1. 在总经理和分管副总经理的领导下，负责本部门的全面工作，带领本部门员工圆满完成各项工作任务。

2. 负责抓好雪场运营前场地准备工作。

3. 负责组织场地的造雪、压雪、魔毯运行、巡逻救护等工作，确保雪场的正常运营。负责抓好雪场运营的水电保障工作。

4. 负责检查场地规章制度落实和服务质量。

5. 负责游客高峰期的人员疏散及处置各种突发事件。

6. 负责审核申购物资计划和组织物资采购。

7. 负责抓好本部门设备、物资器材的管理工作。

8. 负责抓好仓库管理工作。

9. 负责抓好员工宿舍管理工作。

10. 负责抓好水电暖维修工作。

11. 负责抓好本部门人员的教育和管理。

12. 带头遵章守纪，埋头实干，做员工的表率。

（二）场地主管岗位职责

1. 场地主管在运营部经理领导下，负责场地的管理和运营工作。

2. 组织造雪、压雪、魔毯营运、场地巡逻救护工作。

3. 组织抓好雪场水电保障及维修工作。

4. 抓好对教练员出导的稽查工作。

5. 监督和检查场地各项规章制度的落实及服务质量。

6. 负责游客高峰期的人员疏散及处置各种突发事件。

7. 负责组织雪场设备、滑雪装具盘点和管理工作。

8. 负责组织对场地设备的维护保养和滑雪装具的维修。

9. 负责抓好场地组人员的管理和教育。

10. 带头遵章守纪，埋头实干，做员工的表率。

（三）造雪员岗位职责

1. 按时上下班，保持在岗在位。

2. 按规定着装，佩戴工牌，仪表整洁。

3. 负责操作和管理造雪机。

4. 遵守造雪移动规则，在移动机器时随时注意可能发生的情况。

5. 认真执行造雪机操作程序，并注意观察造雪机的运行情况，当出现故障时，执行关机程序，通知主管技术人员，严禁擅自拆卸处理。

6. 严格坚守岗位，严禁擅自离岗，有急事需离岗者，必须经上级负责人同意，有人替岗后方可离开，严禁设备在工作中无人值守。

7. 造雪工作结束后，仔细检查并处理机器上的残冰积雪，关闭高压水出口、电源，以确保安全。

8. 造雪机离开场地前，必须把场地填平整，收缠电缆、软管，通知压雪车驾驶员压雪。

9. 造雪期间，每天对造雪机进行维护和保养。

10. 认真落实安全管理制度，确保造雪安全。

11. 雪期结束后，做好对造雪机全面维护保养，并入库。

12. 自觉遵守规章制度，服从管理。

（四）压雪车驾驶员岗位职责

1. 按时上下班，保持在岗在位。

2. 按规定着装，佩戴工牌，仪表整洁。

3. 负责压雪车的驾驶、压雪及车辆维护保养工作。

4. 车辆工作前要擦洗车身，保持车辆干净整洁。

5. 每日启动前检查机油、液压油的液面是否符合工作要求，启动后对所有指示灯进行检查，重点注意机油、冷却液指示灯。

6. 每日确认车辆和所有设备正常，附件安装牢固，确保安全。

7. 车辆作业时经常检查仪表盘，如有报警灯亮起，应立即停止作业。仔细检查报警部位，未经处理决不能再继续操作。

8. 完成作业后，将车辆停放在离雪道及游客不常通过的地方，以免对他人造成潜在的危险。

9. 严格按照车辆说明书来进行压雪车的维护和保养，使用厂家规定的油类及其他配件，确保压雪车的正常使用。

10. 维护前要把车辆彻底擦拭干净，防止污染油液。加油时要把车开到地势平坦的地方。

11. 定期润滑全车的润滑点，注意那些比较隐蔽的地方，随时更换损坏的油嘴，检查各环节的工作状态，必要时维修或更换。

12. 严格按照压雪车使用说明书规定的时间更换机油、齿轮油、防冻液。

13. 夏季压雪车要停放在比较干燥的地方，把车抬起，拆下履带，检查履带磨损程度及各轮轴承有无松动。

14. 把蓄电池断开，最好每隔三个月进行一次微电流充电。

15. 冬季使用前应做好车辆的各项检查，确保雪期正常使用。

16. 自觉遵守规章制度，服从管理。

（五）魔毯司机岗位职责

1. 按时上下班，保持在岗在位。

2. 按规定着装，佩戴工牌，仪表整洁。

3. 魔毯操作员负责魔毯的操作的运行和维护。

4. 严格执行魔毯运行规则，在魔毯运行时随时注意可能发生的情况，不得违章操作。

5. 魔毯出现故障时，执行关机程序，通知主管技术人员，严禁擅自拆卸处理。

6. 要坚守岗位，严禁擅自离岗。有急事需要离岗者，必须经上级负责人同意，有人替岗后方可离开，严禁魔毯在运行中无人值守。

7. 要及时扶起摔倒在魔毯行驶路线上的游客，以防止阻挡魔毯的正常运行或发生其他意外。

8. 在魔毯行驶过程中如果发现意外情况时，要及时停机，防止伤害事故的发生。

9. 魔毯运行结束后，关闭电源，以确保安全。

10. 定期对魔毯进行维护和保养。

11. 礼貌待客，文明服务，决不允许与游客发生争吵。

12. 自觉遵守规章制度，服从管理。

（六）巡线员及救护员岗位职责

1. 按时上下班，保持在岗在位。

2. 按规定着装，佩戴工牌，仪表整洁。

3. 提前十分钟进入滑雪场，进行人工养护（去脏雪、填平雪道）。

4. 清理雪道上所有的垃圾，放到指定地点。

5. 检查所有的安全隐患（安全网、立柱、标志牌）并修复。

6. 营业时雪道露土或弄脏，进行局部场地清理。

7. 检查和纠正滑雪者的违章行为，疏散拥挤人群。

8. 及时救护雪道上滑倒和受伤的游客，并保管好滑雪器材。

9. 随时检查魔毯的运行情况，发现故障及时报告处理。

10. 宣传滑雪及安全知识。

11. 及时做好巡逻记录和事故报告。

12. 对教练私导和无证进场者进行稽查，并做好检查记录。

13. 及时回应队友及其他部门的呼叫。

14. 自觉遵守规章制度，服从管理。

（七）雪地摩托车驾驶员岗位职责

1. 按时上下班，保持在岗在位。

2. 按规定着装，佩戴工牌，仪表整洁。

3. 严格执行雪地摩托车操作规范，严禁违章驾驶，确保行驶安全。

4. 加强学习和训练，具有过硬的驾驶技术。

5. 未经领导同意不得由他人驾驶雪地摩托车。

6. 每天检查车辆的外观及灯光，检查全车各部位的螺栓有无松动、丢失，履带的松紧度，变速箱链条的松紧度、燃油及润滑油，倾听发动机声音，发现情况及时处理。

7. 做好对雪地摩托车的定期检修与维护，及时排除故障。

8. 严格按乘坐雪地摩托车须知承载游客。

9. 配合巡逻组及其他部门做好应急救护工作。

10. 熟知雪地摩托车的构造、性能，定期检查保养。

11. 保管好日常工具及各种燃料备品等。

（八）电工值班员岗位职责

1. 值班人员必须努力学习电力法规知识，熟练掌握本职工作、业务技术，熟悉电气规程和本站电气设备的性能、接线方式、运行方式等。明确本职工作范围，服从专业人员的技术指导，完成领导交办的任务。

2. 值班人员负责高低压配电设备的安全运行和一般维修，要按时巡视检查配电柜、变压器以及低压运行设备，及时抄录电气仪表，整理上报有关技术资料。

3. 落实分时用电，搞好节约用电，确保用电不超负荷，运营正常。

4. 变配电室进行设备停电检修时，值班人员应制定有关的安全技术措施（停电验电、挂地线、悬挂警告牌等），向工作人员指明停电范围、工作范围以及带电设备部位等，并应加强监护，对所进行工作范围内的安全负责。

5. 高低压开关设备的预防设施安全有效，保证自备电机电源的可靠性，保证电气联锁装置和继电保护装置及自动装置的正常运行，按调度命令完成配电室的倒闸操作和停电操作，保证用电畅通。

6. 遵守劳动纪律，认真执行各项规章制度，规范用电行为，未经批准不得私自增容转运电，杜绝窃电行为，不得擅离职守，上班前和值班期间不准饮酒，不得在工作时间内从事与工作无关的事情。

7. 增强责任心，保管好变配电室的各种工具、仪表材料，搞好室内外的卫生，保证电气设备的安全经济运行。

（九）高压泵房泵管员岗位职责

1. 认真履行职责，积极主动工作，确保泵站正常、安全运行。

2. 非高压水泵房工作人员严禁进入高压水泵房。

3. 除高压水泵房控制人员外，严禁他人触摸或操控水泵控制系统，造成后果由当事人自负，并追究当班人员的责任。

4. 高压泵每天要清理过滤器，看仪表是否显示正常。

5. 高压泵房配电室要做到每天查看各部件是否有过热、过流现象。

6. 白天工作人员要保证蓄水池保持最高水位，确保凉水塔、水箱处于无水状态，严禁因有水冻坏设备。

7. 高压水泵运行时，泵房工作人员要准确控制水泵、水箱水位，使水保持正常周转，严禁缺水造成高压水泵空转现象。

8. 高压泵房要保持清洁卫生，定期清扫仪表及控制柜外表，不能在室内堆放易燃、易爆等物品，做好防火工作。

9. 认真听从造雪人员的给水压力指示，严禁超高压给水。

10. 停泵时做好水泵的保暖工作，写好交接记录并关闭所有水泵电源。

11. 做好设备管线的巡检工作，发现问题及时处理并通知主管人员，做好记录。

12. 工作时间严禁擅自离岗、闲聊、赌博及一切与工作无关的事情。

（十）仓库管理员岗位职责

1. 按时上下班，保持在岗在位。

2. 按规定着装，佩戴工牌，仪表整洁。

3. 熟悉公司各项规章制度，严格按照《公司资产管理规定》做好库存物资账目的管理工作。

4. 熟悉公司经营所需物、料，熟悉库管的各项流程，具备基本的核算经验和记账基础。

5. 熟悉仓库物、料的保养、维护、安全的预防管理知识，库管人员应加强业务知识的学习，增强责任心，明确岗位职责、严格出入库和登记手续，定期做好维护保养，造成损坏、丢失等，要追究责任并承担经济责任。

6. 要及时做好物资的收、付、存和登记入账工作，定期配合财务部做好库存物资的盘点工作，确保账物相符。

7. 库管员负责公司资产物资的进、消（销）、存等一线的管理工作，要随时掌握、控制库存量。

8. 库管员（账管员）在业务上受财务部垂直管理和指导，负责定时向财务部编报库存物资的进、销（使用）、存及其他统计资料。

9. 严禁私自运用库存物资，严禁未经批准将库存物资发放或借给他人，严禁将公物化为私有，严禁违背审批发放。

10. 严禁在仓库内吸烟、喝酒、吃饭，与旁人聊天。仓库内严禁带包（行李）出入，库管员或账管员要自觉相互检查。

（十一）宿舍管理员岗位职责

1. 按时上下班，保持在岗在位。

2. 按规定着装，佩戴工牌，仪表整洁。

3. 负责公司员工宿舍的管理工作。

4. 严格遵守劳动纪律，坚守工作岗位，按《员工宿舍管理规定》实施管理。当班不准做与工作无关的事情。

5. 负责员工宿舍的公共保洁，保持良好的居住环境。

6. 督促员工进行宿舍卫生的打扫，并负责检查，做好记录。

7. 负责对住宿员工的管理，按作息时间开关门，负责来客的记录，原则上外来人不准进入宿舍，严禁外来人员在宿舍内住宿，做好晚归人员的情况记录。

8. 按时对宿舍巡视，发现问题及时处理，做好记录并向领导汇报。

三、工作流程

（一）造雪系统检查流程

1. 时间：11月1日—11月10日。

2. 具体流程如下：

（1）对深井泵、潜水泵、高压水泵进行检查：检查线路是否老化，出水量是否正常，发现问题及时解决，进行试运行，正常后贴注无故障标签，准备运行记录本。

（2）对造雪管道及阀门进行检查：管道是否通畅、有破损，阀门是否具备安全开关功能，发现问题及时解决，检查正常后做详细记录。

（3）对造雪机、造雪线路、造雪插座进行检查：造雪机按照造雪机管理规程进行检查；造雪线路是否存在问题，造雪插座是否影响造雪。检查完毕后，合格造雪机贴注无故障标签，并记录造雪机工作初始时间。

（4）对凉化塔进行检查：检查喷淋是否通畅，凉化是否正常，进行试运行无状况后，贴注无故障标签。

（5）对天气情况进行详细记录。

（二）场地准备工作流程

1. 时间：11月10日—11月25日。

2. 具体流程如下：

（1）对魔毯进行安装调试：魔毯供电检查，魔毯螺丝紧固，魔毯试运行，进行试运行无状况后，贴注无故障标签。

（2）对场地进行平整：场地杂草及硬草根的清理，雨水冲刷后的沟壑填平，魔毯的着重平整，并设置下魔毯平台。

（3）设置防护网：充分考虑安全性和视野进行设置，魔毯旁加设废旧轮胎；场地警示牌的设置。

（4）对压雪车及雪地摩托进行检查：根据压雪车及雪地摩托有关管理制度进行

检查维护，检查无状况后贴注无故障标签。

（5）对场地照明和音响进行检查和恢复：照明供电系统是否通畅，灯具是否正常工作，音响的安装，音响线路是否通畅，音响是否工作正常，发现问题及时解决。

（6）压雪车及雪地摩托用油的储备。

（三）会所设备设施检查流程

1. 时间：11 月 25 日—11 月 27 日。

2. 具体流程如下：

（1）对中央空调进行检查：恢复中央空调供电系统，对中央空调的主机、循环泵、风机进行检查，无问题进行试运行，无状况后贴注无障碍标签。

（2）对会所供电、供水系统进行检查，对各种门窗进行检查维修。

（3）对美食城各项设备进行检查维护，以及洗手间的检查维修。

（4）对会所装饰灯进行调试：通电线路恢复，贴注无故障标签。

（四）采购流程

1. 具体时间集中在 11 月 15 日左右。

2. 具体流程如下：

（1）对各部门需采购物品进行汇总。

（2）制订采购步骤：研究合理的行程，时间段，选择合适的采购地点。

（3）申请车辆，对采购物品进行入库。

（五）运营期工作流程

1. 宿舍以及物品出库的管理：安排员工床位，分发被褥，张贴宿舍管理制度，定期检查；雪板、雪鞋、雪服出库，其他部门所需物品出库。

2. 根据天气情况，加班造雪：先铺设雪场一半雪道，争取提前开业（在天气允许的情况下 4 天完成）；在最短的时间内将雪道铺设完全（在条件允许的情况下不超过 7 天）。

3. 压雪员每天进行两次压雪：时间为：8 点一次，17 点一次；保证雪道松软平滑、安全舒适；造雪员要及时补充新雪。

4. 储备充足雪量：充分考虑雪期经营时间与成本控制关系。

5. 一般工作日程：

（1）每天上岗前必须检查衣着是否干净、整洁，工牌是否佩戴好，否则不可上岗。

（2）每天在营业前一小时做好场地平整与卫生工作，检查所有安全隐患。

①在做场地平整时，尤其要注意机械无法养护的路段，要进行人工养护，将大的雪块铲平；有脏雪的地段要将脏雪彻底清除，再用干净的雪填平；在做场地卫生时，要将所有的垃圾清理干净并放到指定地点。

②检查安全隐患时，要细心，不能有漏检的地方，要从上到下看安全网上端的高度是否达到安全高度，下端是否有漏洞。检查安全网立柱是否有可能反斜、松动和场地的各种标示牌是否端正，每天早上必须做彻底检查并清除一切安全隐患。

（3）营业时间内做好局部场地的清理工作。每天在营业时间内，可能会发生局部场地出现露土或弄脏现象，需要及时进行局部清理。在处理这种情况时，一定要在作业区周边设立警示标志，做到安全、快速修复，必要时可暂时关闭当时需要修复的雪道。

（4）在救助伤者时要注意的事项。当有滑雪者受伤时，要及时进行救助，同时又要特别注意救助的方式和方法。

首先要知道伤者是怎样受伤的、伤在何处、伤势如何，以便在救助时，选择正确的方式；原则是不能给伤者再增加额外的伤痛，不要将场面搞得过于紧张，影响其他滑雪者的滑雪情绪；在救助伤者的同时，还要把他的滑雪用具保管好，事后归还给当事人；如有特别严重的伤者，应及时通知主管领导，并且不要给伤者自己不能决定的承诺。

（5）在工作时间里要定人定岗。巡逻救护队员要在自己的岗位上尽心尽责，不得擅自离岗，做好自己地段的安全服务工作。要在搞好服务的同时，向滑雪者讲解正确的滑雪方式及应该注意有碍自己及其他滑雪者安全的知识。

（6）每天工作时，要做好巡视记录及事故报告。专职的巡逻队员要在每天工作中，做好自己一天不间断巡逻记录：时间、道号、发生的问题、处理的方法、处理结果，都要记录清楚。如有受伤事故要做好事故报告，下班时交给主管领导，检查通过并签字，方能结束一天的工作。

6. 日常的检查维修工作：会所供水，供电系统检查；会所用电器检查；各种维修工作。

（六）造雪工作流程

1. 根据天气情况，等候最佳造雪时机，判定温度在零下 4 ℃左右。

2. 把造雪机拖拽到需要造雪机造雪的地方，造雪机要水平放置，位置适当调好，做好造雪前的准备工作。

3. 检查造雪机进水过滤网上，是否有不干净的东西，以防阻塞。

4. 调整摆头制动、垂直转动，检查调整摆头器、核子器、喷嘴、高压阀门接头、压缩机、电缆和插头及控制柜。

5. 连接电源和高压水管，启动压缩机和风扇；在所有造雪机准备完毕后，通知泵房开启高压水泵，打开高压阀门。

6. 根据风向调整造雪机出雪方向，根据温度调节造雪挡位。

7. 造雪完毕后，通知泵房关闭高压水泵，然后再依次关闭压缩机、风扇、造雪电源开关，填写造雪工作记录。

8. 卷收造雪电缆线、水管，处理机器上的残冰积雪，将造雪机放置在安全位置。

（七）压雪工作流程

1. 工作前要清理车身，保持车辆干净整洁；启动前检查机油、液压油的液面是否符合工作要求，启动后对所有指示灯进行检查，重点注意机油、冷却液指示灯。

2. 车辆作业时经常检查仪表盘，将压雪深度调节好。

3. 要对魔毯进行着重整压，修理好下魔毯平台。

4. 完成作业后，将车辆停放在离雪道较远，游客不常经过的地方，以免对他人造成潜在的危险。

（八）魔毯操作流程

1. 每日提前 20 分钟到岗，每天上班前要检查设备，主要检查制动器是否正常，先启动，听是否有制动器打开"嗒"的声音，在按停止时会有同样的声音，这属于正常。然后对魔毯路线进行检查，是否有障碍物。检查无障碍物后，打开电柜内总电源开关，运行状态显示正常后，按下启动按钮。在魔毯运行过程中，如发现有问题应及时修复，自行解决不了，马上汇报组长和经理。

2. 要经常检查皮带扣和皮带扣里面的钢丝是否有磨损。

3. 检查配电柜各电器元件是否正常，电压表、电流表量是否灵敏，电机运转是否平稳，减速机是否缺油。

4. 开启魔毯，正常运行 10 分钟确认一切正常后，方可运营。

5. 运行中，对摔倒的游客要扶起并迅速离开魔毯运转线路。

6. 魔毯出现故障时，执行关机程序，并通知主管人员进行排除。

7. 运营结束后，关掉电源，填写魔毯运营记录。

（九） 雪期总结期流程

1. 雪期结束时对防护网、魔毯进行拆卸清点后入库。

2. 对造雪电缆、水泵电缆进行拆除并入库。

3. 对造雪用水管进行晾晒，确保干燥后入库。

4. 对造雪机、压雪车、雪地摩托进行维护保养，清洗干净后入库。

5. 对魔毯设施进行维护保养。

6. 协助客服部对滑雪用具进行清点并入库。

7. 安排季节工进行分批次离职。

8. 进行工作总结。

9. 对雪板进行维修保养，清洗晾晒雪鞋、被褥。

第五节　滑雪学校服务与管理

一、组织架构

滑雪学校是滑雪场必不可缺的一部分，滑雪指导员是滑雪初学者的安全保障体系中的重要组成部分，而目前滑雪教学没有形成系统的框架和体系，缺少滑雪产业人才和系统的人才培训与教学体系，对滑雪者人身安全造成威胁。当务之急是完善滑雪教学体系，提高滑雪指导员技术水平及教学水平，激活职业滑雪指导员教育队伍，筑牢滑雪初学者的安全基石。

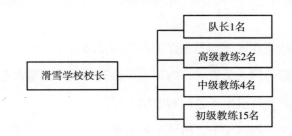

图 3 - 3　滑雪学校组织架构图

二、岗位职责

（一）滑雪学校校长岗位职责

1. 负责滑雪学校组建、教练员招聘培训管理、教学服务及行政管理工作。

2. 负责建立和完善教练员出导流程和规定，并抓好出导工作各项规定和要求的落实，切实提高教学服务质量，把滑雪学校建成一个文明服务的窗口。

3. 抓好滑雪培训班的市场开发工作，搞好滑雪培训班的组织实施。

4. 策划和组织滑雪比赛、滑雪表演等活动。

5. 抓好教练人员借用雪具及物品的管理，杜绝丢失、损坏和私自出借等问题的发生。

6. 搞好分工区域内的卫生保洁，达到整洁有序。

7. 抓好内部人员的管理教育工作，建立和谐有序的内部关系，确保人员财产安全。

8. 负责教练员出导登记和业绩考核工作。

9. 带头遵章守纪，拼搏实干，做员工的表率。

（二）滑雪学校队长岗位职责

1. 配合校长做好滑雪学校的经营管理工作，配合校长做好对教练员的培训、教学服务及行政管理工作。

2. 配合校长抓好滑雪培训班的市场开发，组织办好滑雪培训班。

3. 配合校长策划和组织滑雪比赛、滑雪表演等活动。

4. 配合校长抓好本学校的雪具及物品的管理，确保无丢失、无损坏、无私自出借雪具。

5. 配合校长抓好工作区域的卫生保洁，达到整洁有序。

6. 配合校长抓好部门人员管理，内部关系协调，确保无重大违纪问题。

7. 配合校长抓好教练员出导登记和业绩考核。

8. 带头遵章守纪，拼搏实干，做员工的表率。

（三）滑雪教练员岗位职责

图 3 – 4   滑雪场教练员在教学

1. 滑雪教练在校长的领导下，担负滑雪教学工作。

2. 上班期间要统一着教练装，佩戴工牌，仪表整洁。

3. 严格遵守工作纪律，按时上下班，有事要请假。

4. 自觉服从领导管理，发现问题及时汇报。

5. 自觉遵守员工行为规范，使用文明礼貌用语。

6. 接受教学任务后，必须及时出导，认真教学，热情服务，让游客满意。

7. 严格按规定填写滑雪教学单据，及时上报收银台。

8. 教学中严格遵守安全规则并告知游客，确保教学安全。

9. 必须完成公司下达的出公导、滑雪表演和组织滑雪比赛等任务。

10. 自觉维护和保管好所使用的滑雪器材。

11. 积极推销滑雪教学和宣传雪场，努力增加教学收益。

12. 积极协助客服和场地部门做好游客服务工作。

三、工作流程

（一）培训流程

1. 对教练员进行岗位职责和服务标准培训。

2. 对教练员进行教学工作纪律培训。

3. 对教练员进行奖惩制度培训。

4. 对教练员进行服务出导和服务流程培训。

（二）服务流程

1. 在雪具大厅迎接游客。

2. 帮助游客办理单据、领取雪具。

3. 帮助游客穿脱雪鞋。

4. 指领游客进入雪场并告知安全注意事项。

5. 指导游客正确穿脱雪板、使用雪杖。

（三）教练出导教学流程

1. 游客出示单据。

2. 教练填写单据并在教练席登记。

3. 游客确认签字。

4. 单据交收银台。

5. 出导教学。

6. 教学结束，征求游客意见，填写反馈表。

（四）教练出公导流程

1. 需出公导部门去总经理办公室领取出公导申请表。

2. 总经理办公室主任签字。

3. 分管领导签字。

4. 出公导申请表转到滑雪学校，校长安排教练出公导。

5. 教练席登记（统计依据）。

6. 教练出公导。

（五）指导团队滑雪流程

1. 客服部发放团队卡。

2. 教练讲解穿脱雪鞋的要领。

3. 带领游客领取雪具。

4. 辅助游客穿脱雪鞋。

5. 整队带入雪场。

6. 20 分钟免费讲解。

（六）教练 20 分钟免费讲解流程

1. 正确穿脱雪板的方法、雪杖的正确握法。

2. 滑雪的基本姿势。

3. 适应雪板的练习。

4. 平地滑行。

5. 安全摔倒与起立。

6. 犁式滑雪的动作要领。

第六节　工程部服务与管理

一、组织架构

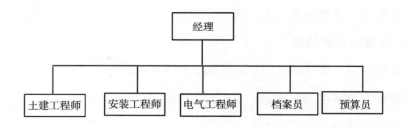

图 3 - 5　工程部组织架构图

二、岗位职责

（一）工程部经理岗位职责和权限

1. 职责

（1）工程部经理在公司和分管领导的领导下，执行董事会决议，执行公司决议；主持工程部的工作。

（2）负责安排工程项目负责人。

（3）负责组织工程招投标单位资质资信调查；协助分管副总经理确定相关招投标单位。

（4）负责安排本部门有关人员参与公司的各项考察、论证等工作。

（5）负责按照施工合同和公司的工期、质量、投资要求，监督、检查工程质量目标进度目标、投资目标控制情况。

（6）参加单位工程三大部分中间验收；单位工程初验整改后，请示分管领导并组织竣工验收。

（7）工程竣工验收后，及时组织有关单位和有关人员进行技术资料归档。

（8）积极引进、推广施工新技术、新工艺、新材料、新方法，促进公司工程建设达到高质量、高品质。

（9）监督、检查工程施工各项安全措施落实情况；协助分管副总经理做好工程结算工作。

（10）引导、监督本部门员工执行公司的各项规章制度、严格执行本部门工作制度和工作程序；加强与部门员工的沟通与交流，并给予指导和培训，团结协作，共同完成本部门工作任务。

（11）加强与公司内部相关部门的沟通，确保工作渠道畅通，不推诿扯皮。

（12）严格按照工程建设程序控制现场签证，控制工程建设成本。

（13）以维护公司利益为己任，以身作则，廉正清明。

（14）负责组织本部门员工提合理化建议。

（15）完成公司交给的其他工作。

2．权限

（1）发现工程质量不符合图纸或国家规范要求，有权提出整改或禁止施工。

（2）对工程工期、质量、投资、现场管理、安全施工不符合公司要求，有惩罚权。

（3）有部门人员岗位设置建议权。

（4）有本部门员工绩效考核奖惩建议权。

（5）根据工作需要，有对本部门员工的工作进行安排、调整建议权。

（6）有权承办公司授权范围内的其他工作。

（二）土建工程师岗位职责和权限

1．职责

（1）土建工程师在部门经理的领导下，负责公司新建工程土建方面的工作。

（2）参与、协助部门经理对工程招投标单位进行资质资信调查；参与考察、论证等项工作。

（3）具体落实施工合同和公司的工期、质量要求，监督、检查工程质量目标、进度目标控制情况。

（4）负责单位工程各项中间验收；提请部门经理参加单位工程三大验收，并负责各项验收整改工作的落实。

（5）及时收集、整理土建方面技术资料并及时归档。

（6）积极落实施工新技术、新工艺、新材料、新方法，促进公司工程建设达到高质量、高品质，并注意归纳、总结。

（7）监督工程施工各项安全措施落实情况。

（8）协助预结算人员进行工程结算工作。

（9）严格遵守公司的各项规章制度，严格执行本部门工作制度和工作程序；加强与其他专业工程师的沟通与交流，团结、协作。

（10）严格按照工程建设程序控制现场签证，做好原始记录。

（11）积极提合理化建议。

（12）完成部门领导交给的其他工作。

2．权限

（1）发现工程质量不符合图纸或国家规范要求，有权提出整改或禁止施工。

（2）对工程工期、质量、投资、现场管理、安全施工不符合要求，有惩罚建议权。

（3）有权承办部门经理（或公司）交办的其他工作。

（三）安装工程师岗位职责和权限

1. 职责

（1）安装工程师在部门经理的领导下，负责公司新建工程安装方面的工作。

（2）参与、协助部门经理对工程招投标单位进行资质资信调查；参与考察、论证等项工作。

（3）具体落实施工合同和公司的工期、质量要求，监督、检查工程质量目标、进度标控制情况。

（4）负责单位工程各项中间验收；提请部门经理参加单位工程三大验收，并负责各项验收整改工作的落实。

（5）及时收集、整理安装方面技术资料并及时归档。

（6）积极落实施工新技术、新工艺、新材料、新方法，促进公司工程建设达到高质量、高品质，并注意归纳、总结。

（7）监督工程施工各项安全措施落实情况。

（8）协助预结算人员进行工程结算工作。

（9）严格遵守公司的各项规章制度，严格执行本部门工作制度和工作程序；加强与其他专业工程师的沟通与交流，团结、协作。

（10）严格按照工程建设程序控制现场签证，做好原始记录。

（11）积极提合理化建议。

（12）完成部门领导交给的其他工作。

2. 权限

（1）发现工程质量不符合图纸或国家规范要求，有权提出整改或禁止施工。

（2）对工程工期、质量、投资、现场管理、安全施工不符合要求，有惩罚建议权。

（3）有权承办部门经理（或公司）交办的其他工作。

（四）电气工程师岗位职责和权限

1. 职责

（1）电气工程师在部门经理的领导下，负责公司新建工程电气方面的工作。

（2）参与、协助部门经理对工程招投标单位进行资质资信调查；参与考察、论证等项工作。

（3）具体落实施工合同和公司的工期、质量要求，监督、检查工程质量目标、进度目标控制情况。

（4）负责单位工程各项中间验收；提请部门经理参加单位工程三大验收，并负责各项验收整改工作的落实。

（5）及时收集、整理电气方面技术资料并及时归档。

（6）积极落实施工新技术、新工艺、新材料、新方法，促进公司工程建设达到高质量、高品质，并注意归纳、总结。

（7）监督工程施工各项安全措施落实情况。

（8）协助预结算人员进行工程结算工作。

（9）严格遵守公司的各项规章制度，严格执行本部门工作制度和工作程序；加强与其他专业工程师的沟通与交流，团结、协作。

（10）严格按照工程建设程序控制现场签证，做好原始记录。

（11）积极提合理化建议。

（12）完成部门领导交给的其他工作。

2．权限

（1）发现工程质量不符合图纸或国家规范要求，有权提出整改或禁止施工。

（2）对工程工期、质量、投资、现场管理、安全施工不符合要求，有惩罚建议权。

（3）有权承办部门经理（或公司）交办的其他工作。

（五）预算员岗位职责和权限

1．职责

（1）预算员在部门经理的领导下，负责公司工程造价审计方面的工作。

（2）注意收集、整理工程造价方面的信息，及时、准确提供有关数据，为投资估算提供依据。

（3）具体落实施工合同和公司的投资要求，监督、检查工程投资控制情况。

（4）负责提供各项工程中间拨款依据。

（5）及时收集、整理工程造价方面技术资料并及时归档。

（6）严格遵守公司的各项规章制度，严格执行本部门工作制度和工作程序；加强与其他专业工程师的沟通与交流，团结、协作。

（7）严格按照工程建设程序控制现场签证，依据原始记录，做好签证费用预算工作。

（8）积极提合理化建议。

（9）完成部门领导交给的其他工作。

2．权限

（1）发现施工单位有高估冒算情况及时上报。

（2）有权承办部门经理（或公司）交办的其他工作。

（六）工程档案员岗位职责

1．工程档案员在部门经理的领导下，对工程档案进行归类、存档工作。

2．贯彻执行《中华人民共和国档案法》《中华人民共和国档案法实施办法》和上级颁发的有关档案工作的政策、法律和规定。负责落实公司工程档案的资料管理制度及规范化。

3．集中统一管理公司工程资料，对公司各项工程建设所形成的文件、资料、图纸、照片等，进行积累、整理和归档工作。

4．负责办理外购图纸、资料的索取工作。

5．负责工程方面文件资料的复印、发放等工作。

6．对所归档的资料，要按照文件材料形成的时间顺序排列，做到层次分明，有机联系，符合其形成规律和规定标准。

7．严格履行档案管理规定、审批程序，遵守有关保密制度。

三、工作流程

（一）工程招标程序

首先，由工程部提出招标申请，交由工程副总经理审核，通过后，由工程部委托招标，将招标结果呈报工程副总经理。审核同意后，告知工程部进行下一步工作。

（二）工程合同签订程序

具体流程为：工程招标时，工程部负责与中标单位协商并拟定合同条文，交由施工单位签字盖章。工程部确认签字后，由工程副总经理审核签字并交由总经理批准。之后，由财务部盖章，工程部联系施工单位。

（三）工程设计变更程序

具体流程为：施工方提出工程设计变更，监理单位初步审查意见，工程部负责技术和经济初审，总工室、设计院进行变更审核。最后，通过工程部、监理单位，同意施工单位进行工程设计变更。

（四）工程款支付程序

具体流程为：施工单位提出付款申请，项目经理签字，监理单位进行审核，由总监签字。其后，分别经过工程部、工程副总经理审核签字，财务部审核后由总经理批准。

（五）工程签证程序

具体流程为：分别由施工单位项目经理签字、监理单位审核签字、工程部审核签字、工程副总经理审核签字，然后由总经理批准盖章。工程部将其返还给施工单位。

（六）工程竣工验收程序

1. 工程基本完工后，工程部应及时督促承包商尽快完善工程，整理好竣工资料。

2. 承包商自行组织预验收，并按国家技术标准自评等级后，编制《竣工报告》，由项目经理签字后交监理单位，监理单位审核签字后上报工程部。

3. 工程部收到《竣工报告》后，提请政府有关部门（规划、消防、环保、技术监督、城建档案、燃气等）进行专项验收，并按照有关部门提出的意见督促承包商整改后，取得各专项合格证明文件。

4. 工程部审查承包商提交的《竣工报告》，组织设计、承包商、监理等单位进行竣工验收，并通知质量监督机构实施监督，出具质量监督意见书。

5. 工程部组织编制建筑工程《竣工验收报告》，内容如下：工程概况、施工许可证号、施工图设计审查意见、工程质量情况及建设、设计、施工和监理等单位签署的质量合格意见。并将报告逐级上报至总经理批复。

6. 与承包商办理工程交接手续，办理《工程交工证书》。

7. 工程部负责到建设行政管理部门办理工程竣工验收备案手续。

8. 工程竣工验收完成后，由分管副总经理牵头组织专项工作小组，编写工作总结报告，并逐级上报至董事会。同时，接受监理公司提交的《监理工作总结报告》。

9. 程序产生的各项记录交档案室保管，保存期不少于 5 年（特殊规定除外）。

第七节 安全保卫部服务与管理

一、组织架构

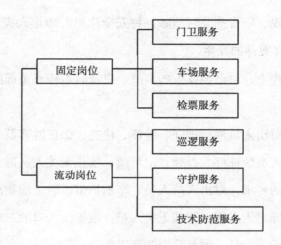

图 3 – 6 安全保卫部组织架构图

二、岗位职责和服务标准

（一）岗位职责

1. 门卫及守护：负责在门岗处对外来人员进行把守、验证、检查、服务等工作，并对雪场不符合规定的一切物品的外流予以严格把关；负责对雪场范围内所有警戒目标进行看护和守卫，防止出现丢失、被盗等问题。

2. 巡逻巡视：负责对雪场区域内重点地段和目标进行巡查警戒，确保公司设备设施和人员财产安全。

3. 车辆调度和看管：负责经营期间的引导、调整游客停放车辆工作。在收取游客停车费时，除负责以上工作外，还承担游客车辆的看护任务，保证游客车辆的安全，并对其发生的刮碰等问题承担必要责任。

4. 检票服务：负责对游客进入雪具大厅进行检票把关。

5. 突发事件处置：建立应急预案，保持通信畅通，对发生的各种突发事件能够快速反应，妥善处理，确保公司经营的正常开展。

（二）服务标准

1. 巡逻服务

（1）保安人员对特定区域、地段和目标进行巡查、警戒，保卫物品、游客及他人的安全。

（2）检查、发现、报告并及时消除各种安全隐患。防止火灾、爆炸等事故或抢劫、盗窃等不法侵害案件的发生。

（3）在巡逻过程中，对已经发生的事故，应及时报告有关部门或公安机关。

2. 门卫服务

（1）保安人员对出入口进行把守、验证、检查，保证游客及他人安全。

（2）查验出入人员的证件，办理登记手续，禁止无关人员进入。

（3）根据客户的要求，对出入的人员、车辆携带或装运的物品进行查验。

（4）指挥、疏导出入车辆，清理无关人员，维护出入口的正常秩序。

（5）及时发现无关人员，做好治安防范工作。

（6）协助游客做好来访接待工作。

3. 守护服务

（1）保安人员对特定的目标进行看护和守卫，保卫游客及他人的安全。

（2）维护守卫区域的正常秩序。及时制止无关人员进入守卫范围。

（3）做好防火、防盗、防抢、防爆等工作。

4. 检票服务

检票人员熟悉公司的销售政策和产品价格，能够准确识别、辨认游客所持票券（卡）；严守岗位，姿态端正，文明礼貌，在为游客提供服务的同时，认真履行查验职责，未经允许，不得使无门票人员进入雪具大厅。

三、基本要求

（一）着装

1. 除不宜或者不需要着装的情形外，在工作时间必须着保安制服。因私外出时应着便服。

2. 着保安制服时，要按规定佩戴保安标志。

3. 保安制服不准与便服混穿，不同季节的保安制服不准混穿。

4. 着保安制服应干净整洁，不准披衣、敞怀、挽袖、卷裤腿、歪戴帽子、穿拖鞋或赤足。

5. 爱护和妥善保管保安制服和保安标志。严禁将保安制服和保安标志变卖、赠送或借给他人。

（二）仪容仪表

1. 值勤时要仪表端庄，精神饱满。

2. 不准留长发、大鬓角和胡须。

3. 不得染发、佩戴首饰。

（三）礼节

1. 在下列场合行举手礼：

（1）着装遇领导时；

（2）站岗、值勤、交接班时；

（3）受到领导接见、慰问时，领导视察、检查工作时；

（4）参加活动等；

（5）着装在会上发言开始和结束时；

（6）接受颁奖时。

2. 在参加集会、大型活动奏国歌、升国旗时，要立正，行注目礼。

3. 对日常接触的上级领导可以不敬礼。

（四）举止

1. 精神饱满，姿态端正，动作规范，举止文明。

2. 着装时，不准袖手或将手插入衣兜。不准搭肩、挽臂、边走边吸烟、吃东西、嬉笑打闹。不准随地吐痰、乱扔废弃物。

3. 不准着制服在公共场所饮酒，严禁酗酒。

4. 要自觉遵守公共秩序和社会公德。

（五）语言

1. 在工作中使用语言要简洁准确、文明规范，见到游客时，说话要和气，使用"您好、请、您、对不起、谢谢、再见"等礼貌语言。要注意称谓的使用。

2. 在工作岗位时应讲普通话。

（六）卫生

1. 要自觉维护环境卫生，保持值勤区域整齐清洁。

2. 内务卫生。

（1）床单、被褥整齐干净，床下无杂物；

（2）地面无烟头、无痰迹、无纸屑；

（3）门窗洁净，玻璃明亮；

（4）生活用品摆放整齐，统一规范；

（5）不准饲养宠物，不准私自张贴、悬挂图片、画报。

 **知识链接**

一个滑雪场经营者的一天

1月15日清晨，石家庄无极山滑雪场的天际刚刚浮现一抹鱼肚白，只见一个身影从雪场中级道上疾驰而下，干净利落地停在了白皑皑的雪地坡下。

"我几乎每天都是雪场的第一个体验者，主要是为了检测场地的雪质情况，如发现某些地方有问题，我会及时叫相关工作人员进行处理。"石家庄无极山滑雪场总经理李树奇告诉记者，只有经常补雪、平整场地，雪道的雪才不会乱，才能确保滑雪者在雪道上有良好的体验，进而留下更多的回头客。

早上9点，雪场开门营业，虽然当天气温有点低，但丝毫没有影响雪友们的滑雪热情。春节前最后一个周日，一大早便有不少滑雪爱好者到达这里，李树奇带领教练员们在门口排队迎接他们的到来。

"这个雪季，因北京冬奥会的带动，群众参与冰雪运动的热情高涨，临近春节，雪场的客流量已恢复到往年同期的80%，随着春节的到来，预计春节期间就能回到往年同期的正常水平。"上午 10 点左右，雪场已经迎来了 200 多名游客，看着雪友们都换好装备走上雪道，李树奇又向雪具大厅的负责人叮嘱了几句，便从雪具大厅转场到雪场餐厅，开始和餐厅的工作人员一起为游客准备午餐。

"周末客流量大，你们多准备些鸡肉和猪肉，鸡肉一定要处理干净，多炖会儿，入味……"叮嘱完后厨，李树奇又来到就餐大厅和工作人员一起逐桌码放餐具。"我们滑雪场位于无极山园区，餐厅的食材大部分来自于园区自产，由于食材好，又采用当地传统的特色做法，深受游客喜爱，时常会有顾客吃完后还会打包带走一份。今年春节为了方便雪友购买农副产品年货，我们还在雪场设置了免租金的年货专区，让附近村民把具有当地特色的农副产品免费寄放售卖，帮助农民解决农副产品出售难的问题，既是助力乡村振兴，又方便了城里市民添办年货。"李树奇说。

晚上 7 点，雪场餐厅最后一批游客踏上了返程，雪具大厅仍然灯火通明，七八名员工仍在忙碌着。"近期，为确保游客的安全，我们雪场仍坚持日常消杀，每日闭场后，等大部分员工下班，我会监督相关工作人员对大厅地面进行喷洒消杀，柜台及设备进行擦拭消毒，雪服进行照射消毒，一个程序下来，常常会到晚上 8 点多。"李树奇说，虽然忙碌了一天身体很累，但是看到码放整齐的雪服，擦拭干净的雪具，为迎接第二天的游客做好了全部准备，心里还是甜滋滋的，作为一名滑雪场经营者，每天天不亮就到雪场，晚上八九点才踏上归途，这是雪季工作的常态。

（资料来源：《中国体育报》，2023 年 1 月 17 日）

郎恩鸽：从"羊倌"到滑雪教练

2015 年，他还是一名"羊倌"，手上拿的是放羊的鞭子；2022 年，他已经成为一名滑雪教练，双手高举起冬奥会火炬。他叫郎恩鸽，是北京延庆张山营的一位农民，也是延庆海陀农民滑雪队队长。

从"羊倌"到滑雪教练，是冬奥会促成了他的华丽变身，郎恩鸽说："冬奥会后，冰雪运动会更加蓬勃发展。我不仅要为'带动三亿人参与冰雪运动'继续努力，还要带领更多农民兄弟走上转型之路。"

卖掉羊群，组建农民滑雪队

郎恩鸽所在的张山营镇是2022年北京冬奥会延庆赛区所在地，在申办冬奥会以前，这里只是一个普通的京北小镇。当时的郎恩鸽以养羊为业，最多时家里养了300多只羊，而且那时的羊都处于散养状态，走到哪儿就啃到哪儿，绿油油的草都被啃没了，留下的只有光秃的土地和羊粪。

2015年北京冬奥会申办成功，作为赛区之一的延庆开始全力筹备，封山育林保护生态，养羊也不是长久之计了。一想到将来家乡要变成美丽的冬奥冰雪小镇，郎恩鸽狠狠心咬咬牙把300多只羊全都卖了，虽然卖羊亏了不少钱，不再养羊也少了一个收入来源，但他说，不能为了自家营生给冬奥小镇的青山绿水添堵，"散养羊会破坏环境，我不能为了自己赚几个钱，让来延庆的人看到遍地的羊粪和光秃秃的土地。"

在郎恩鸽带了头之后，村里其他养羊的人也都把羊卖了，大家都想着，这么做就是算为家乡筹办冬奥会作出一点小贡献吧。卖掉羊之后，郎恩鸽还在想能为冬奥会多做点什么，2016年的冬天和往年一样，他约上几个朋友一起去滑雪，这时他突然想到自己从小就在雪场里摸爬滚打，虽然技术比不上专业的运动员，但在朋友圈里还是很有口碑的，"所以我就和伙伴们商量，能不能把爱好变成职业，组建一个滑雪队，教更多的人学习滑雪，了解冰雪运动。"

听了郎恩鸽的想法，伙伴们都赞成，让人没想到的是，他们的举动还得到了张山营镇政府的支持，为他们配备滑雪装备，正式取名为"海坨农民滑雪队"。第一批队员一共18名，都是来自各个村子的农民，从事的工作五花八门，但雪龄都在10年以上。

义务教学，让更多人爱上滑雪

延庆海陀农民滑雪队是北京市乃至全国第一支由农民组成的滑雪队，郎恩鸽成为这支滑雪队的发起人和队长。队伍成立后他就意识到，自己和小伙伴都是"野路子"，还要参加正规滑雪教学培训，这样才能更好地教别人滑雪。没想到过了不久，郎恩鸽就接到了延庆区体育局的电话，说是给滑雪队争取到了参加瑞士滑雪联盟教练专业培训的机会。听到这个消息，滑雪队的队员们都特别高兴，喜欢滑雪的人都知道，这个证书，全球39个国家都认可。郎恩鸽说，"虽然当时培训节奏紧张、强度大，但大家都很珍惜这次机会，有的队员发高烧也不请假，最终都顺利通过了考试，并拿到了初级和一级证书"，"没想到我们这些农民也能成为国际滑雪教练，这个消息很快就在家乡传开了。"

取得专业资质的农民滑雪队，开始了他们的公益志愿服务行动，目标就是让更多的老百姓了解滑雪，走进滑雪场，进而爱上滑雪运动。"我们开展志愿服务是从2017年—2018年雪季开始的，先后走进张山营镇三所学校，为中小学生义务讲授滑雪基础知识，还带领全镇100多名中青年农民走进滑雪场，从零基础开始学滑雪，同时帮助蓝天救援队、医疗救援服务等志愿者团体提高滑雪技能。"

郎恩鸽说，从2017年成立至今，海陀农民滑雪队已有队员68人，其中取得国家级滑雪教练证书的33人，瑞士滑雪联盟教练10人。这次北京冬奥会期间，海陀农民滑雪队不但有几名队员进入闭环参与冬奥赛事服务保障工作，还有40多名队员作为城市志愿者为中外游客提供志愿服务。"现在我们村不会滑雪的人没几个。"郎恩鸽说，"我们队员做的工作基本都是义务的，只有一点点车补和饭补，很多人还有自己的工作，但大家都能克服困难从不缺席。"

做有意义的事，成为孩子的榜样

今年2月3日，郎恩鸽作为一名光荣的火炬手，参加了2022年北京冬奥会火炬接力。因为他带领海陀农民滑雪队义务教人滑雪，才获得了这份荣誉，他在觉得非常自豪的同时，也觉得对家人很愧疚。

由于平时忙于滑雪队的工作，郎恩鸽陪伴孩子和家庭的时间都比较少，尤其是滑雪队刚成立时，他每天晚上回家都10点钟了。2018年1月，妻子孙颖生下大女儿，从怀孕到孩子出生，郎恩鸽基本上没什么时间去陪伴她。妻子生产当天他匆匆从雪场赶回家带着她去医院。"那时候滑雪队需要处理的事情太多了，庆幸的是妻子特别体谅我、支持我。"家里的事情，妻子和父母帮郎恩鸽承担了很多，因为他们也觉得，冬奥会就在家门口，理所应当要有所贡献。妻子孙颖说："虽然爸爸陪孩子的时间比较少，但以后等孩子长大了，我可以告诉他们，爸爸正在做一件很有意义的事情，他们一定也会为自己的爸爸骄傲的。"

郎恩鸽的小儿子今年5岁，从年前开始，他便给孩子报了滑冰培训班——每天半天体能训练，中间1个小时跑步，下午再进行半天的上冰训练。虽然训练强度很大，但儿子仍对上冰保持着浓厚的兴趣，这让郎恩鸽打心眼儿里高兴。他说，自己以前拿着滑雪板在雪场上滑一整天，不吃不喝也不会觉得累，对滑雪运动的热爱是发自内心的，"所以我特别喜欢到学校教学生们滑雪，也希望我的孩子能练好滑冰、滑雪，享受冰雪运动的乐趣。"

"如今，冰雪运动在群众中越发普及，并且热度持续攀升。"郎恩鸽说，冬奥会给家乡带来了巨大的发展机遇，他会带领队员们用更加专业、体系化的培训，带动更多人参与冰雪运动，感受冰雪激情。"我相信冬奥会后，冰雪运动将有更广阔的前景。我们这些曾经的农家人，也能在这一历史机遇中实现华丽变身，向世界展现新时代中国农民的风采。"

（资料来源：《新民晚报》，2022 年 3 月 3 日）

第四章

滑雪场运营管理策略

 学习目标

1. 了解滑雪场运营管理成功的要素；
2. 对滑雪场造雪与水资源管理、市场营销管理、客户关系管理和安全管理相关内容了解并掌握。

第一节　滑雪场运营管理成功要素

纵观国际上著名的滑雪场，如瑞士圣莫里茨、美国阿斯彭、法国高雪维尔等，它们能久盛不衰一般是因为具备以下因素。

一、整体规划合理

这不仅是精细化管理的一部分，也是最为重要的一部分。规划做不好，后续也很难做好。上述滑雪场以及国际著名雪场大部分坐落于高山，拥有天然的开发优势，落差和雪道是其核心竞争力，自然降雪多，人工造雪的成本很低，每年都可节约大量资金，同时也可利用丰富的高山雪地资源及相应资源，开发多层次的滑雪产业，打造集滑雪运动、度假、购物、住宿和餐饮等多功能于一体的旅游度假模式。

二、精细化的设施设备

国外很多滑雪场针对消费者打造了精细化设施设备，雪道十分宽大，配套服务优质精准，即便是价格略高，但超强的性价比仍得到了消费者的青睐。而对中国冰雪产业来说，我们的春天是来了，但春天其实是播种的时候，到秋天收获还有两个季节，不能刚把种子播下去就想收获，要有必要的耐心与基本的情怀。

三、各具特色的设计和服务

通过对著名滑雪场的观察可以发现，这些滑雪场都有各自的特色，这些特色都是为贴合滑雪者不同的需求而建设的，以给滑雪者提供完全不同的感受和体验作为各自的卖点。如法国高雪维尔滑雪场为游客提供了众多奢侈品店和多家口碑一流的米其林星级餐厅，以及丰富多彩的夜生活等特色服务。

四、与其他产业共同开发

目前，国际上著名滑雪场所在地的滑雪产业对当地的国民经济均有很大的推进和影响，但当地政府并不因此而满足，而是进一步开发冰雪小镇、滑雪竞赛等冬季运营产业项目，与其他产业相关联，向四季旅游度假村迈进。

另外，滑雪场经营开发的系统性和复杂性要求科学、合理、系统、高效地进行滑雪场运营规划，滑雪场雪道设计、设施配备、项目设置等硬资源的投入必不可少，对雪场定位、市场分析、营销宣传和团队建设等软资源的综合规划也不可或缺。对滑雪场经营者来说，从设计到运营，从服务到培训，每一步都关系着今后的客流量，也直接与运营成本挂钩，其好坏及是否科学也直接关系到滑雪场的市场开发能力与盈利能力。

通化滑雪场"蝶变","粉雪生金"打造振兴之翼

通化滑雪场又名金厂子滑雪场,是新中国成立后第一座能举办全国性比赛的专业滑雪场。从1959年至今,它为滑雪运动员、爱好者进行高山、越野等滑雪项目训练提供了良好条件,先后承办过18次全国性滑雪比赛、30次省级滑雪比赛,记载了新中国滑雪运动早期发展的历程。

60多年来,从过去的金厂子滑雪场到如今的冰雪产业示范新城,这座承载着冰雪健儿记忆的老滑雪场正在发生翻天覆地的变化……

1959年春,通化开始选择雪场场址。经过多处踏查,最后选中了金厂镇的一处高山,当年秋,修筑了金厂子高山滑雪场和越野线路。

开辟修建金厂子滑雪场,是一项十分艰苦的任务,当时的通化体育学院全体师生承担了修建任务。他们住在农民家的草棚子、苞米仓子里,起早贪黑上山伐木、清理山场、平整沟渠。经过全校师生和通化当地广大体育工作者40多天的奋斗,在大地结冻之前,建成了高山快降、大小回转场地。1963年,在雪场山脚下又修建了300余平方米的两栋平房,供运动员食宿使用。

1960年2月,这里举行了全国滑雪大会。从1960—1966年,金厂子滑雪场为各地运动员提供了理想的训练场地,接待全国和省内各类型的滑雪赛会,一时间雪场蜚声国内外。

图4-1　金厂子滑雪场

1966—1973 年，滑雪场被停止使用，直到 1975 年各滑雪队重建、1978 年滑雪场归当时的省体委直接管理，金厂子滑雪场更名为"通化滑雪场"。

此后，滑雪场进行了恢复和扩建，面貌一新，硬件条件越来越好。雪场拥有海拔 972 米的高山快降兼大、小回转的线路长达 2000 余米、宽 50 米。1980 年又开辟了一条 600 米的小回转路线，场地平滑开阔适于训练和比赛。同时，对原来越野线路做了重新调整，从顺时针改为逆时针方向，对沿途障碍、桥梁进行了修整。1984 年新开辟的简易滑雪跳台，让青少年运动员踏上了跳台滑雪的训练之路。

据了解，通化滑雪场积雪时间为每年 12 月到第二年 3 月中下旬，有 3 个多月滑雪黄金季。严冬一到，山上、树上、田野里都是厚厚的积雪。每当滑雪爱好者结队来滑雪时，鲜艳的运动服装，五彩缤纷的雪板、雪杖，与银白的雪地交相辉映，灿烂夺目。

随着经济社会快速发展，如今的通化滑雪场发生了"蝶变"。总投资 100 亿元的通化冰雪产业示范新城项目，正在如火如荼建设中。

全新的雪场在通化老滑雪场的基础上，建设以冰雪运动、赛事服务、康养度假为核心的高端滑雪胜地。项目一期建设内容为滑雪场、滑雪小镇、温泉度假酒店。围绕通化冰雪产业示范新城建设，通化市政府配套建设了通化旅游服务中心暨滑雪博物馆、滑冰馆、跳台滑雪训练中心、射击运动管理中心、越野滑雪训练基地等基础设施。重新规划的滑雪场造雪面积 117 万平方米、有效落差 560 米，开发了初级、中级、高级不同级别雪道 33 条，中转服务区 1000 平方米、魔毯 6 条、缆车 5 条、缆车库房 400 平方米和上下控制室 2300 平方米及其他配套设施。

图 4-2　通化冰雪产业示范新城——万峰通化滑雪度假区

此外，项目二期主要建设冰雪文旅服务、康养度假休闲娱乐设施，内容包括中国冰雪历史文化博物馆、冰雪运动培训学校、冰雪运动研究院、酒店、商业服务、旅游配套服务、度假社区、滑雪服务大厅等；三期主要建设旅游度假会议会展、谷地特色康养、山谷主题度假设施，内容包括运动员村、赛事服务中心、酒店、商业服务、旅游配套服务、度假社区等。

项目带动引领冰雪产业发展，公共服务体系建设愈发完善。该项目三期建设完成后，可带动周边产业，提升通化优质旅游品质，吸引周边地区人员到此旅游滑雪，促进通化全域旅游发展。

"金厂子滑雪场"的"新生"，激发了冰雪活力，带动了产业振兴。更重要的是，这座新中国滑雪的摇篮，将不断孕育出更多的冰雪健儿，为国争光。

（资料来源：人民网，2021 年 11 月 29 日）

第二节　滑雪场人力资源管理

一、滑雪场主要人力资源

滑雪场大多是在市场条件下建立的，由于投资主体不同，管理和经营模式也不相同。政府投资的大多采取委托经营或特定经营；社会股份投资的有股东大会决定，一般聘用专业经理人，如果投资人中有相应的人才，就采取独立经营。无论哪一种形式，人才的需求标准基本一致，对不同层次的人才在管理和薪资方面有不同的方式。

高级管理人才是滑雪场的核心，薪资方面采用年薪加奖金，为了人员稳定，滑雪组织让渡内部股权，或者给目标期权。这种高级管理人才虽炙手可热，流动性不是很大。

专业人员是滑雪场的骨干力量，他们对设备比较熟悉，有一定的技能，可以独立处理滑雪场突发事件，保证滑雪场正常运行。这类人员工资较高，工作相对稳定，比如，造雪机看护员、压雪车司机、索道守护人员等。

滑雪教练又称导滑员，是经过短期培训的具有中级滑雪水平的人员，高级教练大多是退役运动员出身。由于技能单一，主要在雪场经营时间内为初学滑雪的消费者服务，一般没有底薪，收入大多靠指导客户滑雪提成，每一个滑雪场都会有很多导滑员，这部分人员随机性很强，流动性大。

二、滑雪场招聘管理制度

实行固定用工与临时用工相结合的用工形式。以招聘使用临时工为主，雪期营业前招聘，雪期结束后离职。实行对表现突出临时工转为固定工的激励政策。

招聘原则：公开招聘、双向选择、全面考核、择优录用；招聘依据：总经理办公室及用人部门依据雪期开业前总经理审批的雪期用人计划编制进行招聘；招聘程序：发布招聘信息、组织现场招聘、确定录用对象。

（一）发布招聘信息

（1）总经理办公室对外发布招聘信息，根据招聘需求，选择在报刊、网站上发布招聘信息及通过大专院校毕业生分配办公室、猎头公司、员工推荐等形式进行招聘，广泛收集应聘信息。

（2）应聘者需提供资料：近期一寸免冠照片一张、身份证复印件、最高学历证及从业资格证书复印件。

（3）此工作原则上应在雪期开业前一个月进行。

（二）面试与复试

应聘者按照要求填写《应聘登记表》，面试负责人以面谈的方式了解应聘者基本情况后，再通过笔试或实际操作等方式进行复试。

复试通过的员工，用人部门经理审核，由总经理办公室报总经理审批。

三、滑雪场培训管理制度

培训分为入职前考核培训、雪期技能提高培训、雪期管理技能培训。

（1）员工录用后，由公司安排一至两周的岗前培训。

培训内容：公司的历史概况、发展、经营理念等企业文化、公司服务手册、业务特征、工作规定及工作要求说明。由部门经理、分管副总经理负责，总经理办公室协调，培训结束后，考试合格后办理入职手续。

（2）雪期中，部门经理每周对本部门员工进行服务技能、工作技能和工作中问题及改进等方面的培训，各部门经理根据培训结果提交总结性报告，报总经理办公室，作为考核依据。

（3）雪期中，公司中层以上员工可获得一至两次前往集团总部进行营销、管理等方面培训的机会。培训结束后，各部门经理提交相关报告，报总经理办公室，作为考核依据。

四、滑雪场人事管理实施细则

（一）入职

培训结束后，公司为考试合格的员工办理入职手续。员工填写《员工入职表》（长期季节性员工由部门经理统一报《员工入职统计表》），报总经理办公室备案建立员工档案。总经理办公室及相关部门根据入职表发放工作证及工装。离职员工退回工装等物品时，退回保证金。

新录用固定员工试用期为 1～3 个月，工作突出者可提前转正。试用期内，如果公司认为员工不符合岗位要求或员工认为不适应所从事的岗位，双方均可解除劳动关系，但须提前一天给予对方书面通知。试用期满且通过考核者，公司予以转正。公司与正式员工签订劳动合同。在劳动合同到期之前可以续签，续签合同必须得到员工和公司双方的一致同意。

（二）员工升迁

坚持任人唯贤，人尽其才，为所有员工提供公平竞争的机会，对公司管理岗位实行竞聘机制，所有员工都可通过竞争上岗，优胜劣汰，实现员工队伍的良性流动，建设高素质的员工队伍。对优秀人才不拘一格，优先选拔使用。

总监以上级别的公司领导任免和调整使用，由总经理办公会决定；公司中层以下领导的任免和调整使用，由总经理审批。

（三）员工离职

1. 员工离职分为主动辞职、劝退、辞退或开除形式

主动辞职：员工因故不愿在本公司继续工作，自愿离开公司的；劝退：因员工患有行业禁止的疾病或工作能力达不到要求，经调岗后仍然不能胜任工作的员工可

以做劝退处理；辞退、开除：员工因违反公司规定情节严重的，依照有关规定予以辞退、开除、离职解除劳动合同。

2. 员工正常离职程序

（1）员工提出辞职，应提前三十日向人力资源部门提交书面申请，向所在部门领取《员工离职申请书》。员工违反此规定，而要求解除劳动合同，单位不予办理。如员工私自离职，扣罚公司为其支付的培训费用和工装费，给公司造成经济损失的，还应当承担赔偿责任。

（2）员工提出辞职后，部门负责人应与员工本人进行谈话，了解员工离职的真实原因。如员工有收回辞职申请的意向，可继续回原岗位或给予适当调岗，部门负责人应在《员工离职申请书》中详细说明，交总经理办公室存档。

（3）对于坚持离职的员工，公司总经理办公室在接到《员工离职申请书》的24小时内，安排人员到所在部门进行调查，并在申请书中填写最后意见，报总经理审批。

（4）对同意离职的员工，由总经理办公室发放《员工离职通知书》，依据表中顺序，依次到相关部门办理相关手续。

3. 劝退员工的离职程序

对于劝退的员工，所在部门应将劝退原因提前以书面形式报至总经理办公室，由所在部门或总经理办公室做劝退工作。

4. 辞退员工离职程序

对于辞退的员工由部门出具书面通知，由总经理办公室调查核实后，按照离职程序办理。

5. 开除员工离职程序

由员工所在部门负责人提出处理意见，报总经理办公室审核后执行。所有离职人员离开公司后，由保安部做好记录，不可无故再进入公司。公司保留因经营发生变化裁减人员的权利。

6. 不可提出辞职情况

公司引进和出资培训没有达到协议或规定服务年限的，不得提出辞职，否则，要承担公司为其支付的培训费用和工装费。

五、薪酬管理制度

公司员工收入包括固定工资、绩效工资、年终奖金、特殊贡献奖、公司福利。其中，固定工资由岗位工资调整额确定，按月固定支付。岗位工资的确定与调整是根据员工的职位、资历、学历、技能等因素，按岗位分档，经总经理审批后确定。确属公司尖端人才，经总经理特别审批，可跨档确定工资标准。同时部门员工不定期地调薪也是岗位工资的一部分。

绩效工资的调整依据公司经营状况、经济效益，由公司经理办公会议在雪期开业前确定。绩效工资调整额由公司经理办公会议确定的上一年度员工调资百分比、调整核实系数及上一年度本人月固定工资确定。

年终奖金依据公司经营状况、经济效益，由公司经理办公会议在每年雪期结束后决定。年终奖金与员工年度工作成绩挂钩。

第三节　滑雪场造雪与水资源管理

滑雪场发展瓶颈之一在于水资源是否充足，我国除东北、内蒙古、新疆等地自然降雪能够基本满足滑雪场发展需求外，大部分区域，如华北、西南等地的雪场维护，需要靠人工造雪维系。

通常需要采用人工造雪的情况分为以下两种：一是当地自然降雪量不够，需要人工造雪来补充雪量，如我国北京及周边地区的滑雪场。二是自然降雪量丰富的地区，当遇到降雪量稀少的年份或者是早春温度波动较大的情况时，需采用人工造雪的办法来延长滑雪期，如东北、内蒙古、新疆等地区。

一、关于造雪

根据《中国滑雪场所管理规范》中相关内容规定，现代滑雪场所内滑雪道的雪层有天然雪、人工造雪、天然雪与人工造雪的混合、化学合成的"代用雪"等不同类型。"代用雪"的表面材质铺设要均匀，不能有逆茬，不能有杂物。雪道内经压实的雪层厚度最低为15厘米。雪层表面不得形成光状冰面。根据滑雪场所的实际情况，配置先进的节能、节水造雪机械，科学修建造雪系统配套工程。造雪量要适度，避免水资源浪费。人工造雪的用水要尽量利用四季地表蓄水，人工造雪的融化水要力争重复利用。通常来说，水和雪的体积关系为 1：18。当条件不具备时暂停造雪，以免造成能源及水资源的浪费。

人工造雪能够缓解低海拔山体和主要雪道积雪不足的问题，同时使滑雪场在较早的雪季开始投入运营，并把滑雪季延长到春季。人工造雪对于降雪量不足的滑雪旅游区尤为重要，它能使滑雪场突破天气因素限制而保持正常运营。

图 4 - 3　滑雪场造雪

（一）水源选择

滑雪场造雪水源选择包括地表水与地下水。来自湖泊、河流及溪涧的地表水是最佳选择，其次才是地下水。原因有三点：首先，在寒冷的冬季，地表水比地下水温度低，更接近造雪机要求的低温水源的标准，能使造雪机在等于或低于零下 4 ℃的温度条件下，更轻松地喷出雪来；其次，在水资源匮乏的华北等地，多数滑雪场坐落在活水源涵养地上，地下水充当着当地的应急补水水源的角色，若在这样的地区使用地下水人工造雪，对原本就十分严峻的水资源短缺形势无疑是"雪上加霜"；最后，从视觉景观的角度来讲，在滑雪旅游区初期选址时，选择有湖泊环抱或有河流、溪涧围绕的山体来布局雪道，也可同时美化滑雪旅游区的自然景观效果，给滑雪者带来丰富的视觉体验。

虽然用地表水造雪有其天然优势，但对于一些地下水资源丰富、地表水资源不足的地区，也可以使用地下水来造雪。在不破坏水资源及生态环境的前提下，采用地下水人工造雪，就要求设计者考虑当地是否具备可以信赖的高级水源供应处，同时还要求在建设用地范围内或靠近雪道的山谷汇水地带，选择合适的地形建设水库或蓄水池，便于在短时间内及时供应造雪用水，同时蓄积项目区内的雨水，并开展净化、储存和再利用，雨期还能起到滞洪、储水、生态涵养作用。

（二）用水量需求

对于滑雪场而言，总用水量分为造雪用水量、生活用水量和其他场地用水量三部分，冬季日用水量包括造雪用水和生活用水，夏季日用水量包括生活用水和其他场地用水。

为防止滑雪场建设和使用过程中的浪费用水和水土流失，根据有关法律法规以及对滑雪场用水情况调查结果，北京市水务局特制定《北京市滑雪场用水管理要求》具体规定如下：

1. 滑雪场用水标准

滑雪场用水以滑雪道为核算单元。滑雪道年用新水量每 1 m^2 不得大于 0.48 m^3；滑雪场绿地每年 1 m^2 用水量为 0.3 m^3。

2. 滑雪场节水措施要求

滑雪场各类用水器具应使用节水型器具，安装使用节水灌溉设施；应安装用水计量装置，如制雪、绿地浇灌、生活供水等应单独装表计量。滑雪场应建立节水管理制度，每月应向节水管理部门报告用水量。

3. 滑雪场应建立融雪水及雨洪利用系统

滑雪场应建设融雪水及雨洪收集、利用设施。滑雪道应设置截水沟，滑雪道侧面与底部设置汇水沟，并建设收集融雪水及雨洪的集水池。其容积应大于滑雪季制雪用水量的40%。集水池应进行防渗处理。

4. 滑雪场应建设污水处理设施

滑雪场没有市政（集中）排水管线的地区，应建设污水处理设施，实施污水处理再生利用。

5. 滑雪场必须做好水土保护工程

滑雪场植被覆盖率、扰动土地整治率均应达到90%以上。水土流失控制比应低于2.5，水土流失治理度达到80%以上。

6. 滑雪场加强用水管理

应加强对游客的节水宣传，提高节水意识，并加强对用水部位的巡视，杜绝浪费用水现象。

二、供水管理

（一）水源管理

由于滑雪旅游区大多位于城郊风景秀丽的山区，与城市建成区有一定的距离，难以与建成区共享给水厂和配套管网等设施，而稳定充足的水源是保障雪场正常运营的重要条件，因此水源管理至关重要。

滑雪旅游区在雪季时最高日用水量通常可达数万吨，如城市水源供水规模较小，则需避免与城市共用水源，以防影响城市用水，需考虑由专用水源供水，如河流、湖泊、水库等地表水或地下水，抑或是采矿疏干水等水资源。若该类水体无法满足饮用水水源要求，但可针对其处理后是否能作为场地用水（造雪用水、场地浇洒等）或冲厕用水等进行可行性分析。如果可行，则可作为滑雪旅游区常供或补充水源之一。

（二）储水及输水

当旅游区距离水源点较远时，可以考虑在旅游区内或旅游区附近设置蓄水池用以调蓄，可有效降低区外输水系统的负荷和投资，即降低输水成本。

当旅游区范围较大时，由于区内多为山体，地势起伏很大，因此可以结合地块开发时序、地形及用地规划，考虑分片区供水，每个片区内可根据需求设置一座小型蓄水池和提水泵站。这样一方面有利于分片区开发时互不影响，另一方面也有效地降低了旅游区内的原水输水成本。另外，由于垂直高度较高，中高级雪道的人工造雪很难直接利用地表水，有必要安装输水管线及适当布置提水泵站。值得注意的是，应采用高性能的输水导管以免导管泄漏喷出的水使积雪迅速融化，或使滑雪坡结冰，直接危害到滑雪者的人身安全。为防止这种情况发生，设计者可以将管线铺设在阴沟内，但要考虑到阴沟对植被以及视觉景观的影响，尽量将影响减少到最低限度。

三、污水处理

滑雪旅游区的污水主要为生活污水和融雪水。考虑到其一，旅游区大多距城区较远，难以利用城市污水处理厂进行处理；其二，再生水利用对于用水量大的旅游区而言是重要的补充水源；其三，山区生态环境脆弱，污水处理后的尾水排放会破坏山区林地植被，继而威胁旅游区的可持续发展。因此，滑雪旅游区内的污水处理要做到控制源头、全程监管，力争做到污水全部回用，实现污水零排放。

（一）融雪水处理

融雪水的利用存在滞后性。往往雪季临近结束时才会收集到大量融雪水。以北京周边滑雪场的统计数据为例，雪季临近结束的 10~15 日内，融雪速率达到最大每天融化 10%。融雪水收集并处理后，由于临近雪季结束，很难用于二次人工造雪，因而可以考虑进入蓄水池后用于非雪季时的场地浇洒、设施维护及冲厕等。

根据滑雪场地形和汇水量大小，在雪道上科学合理地分级布设截、汇、排水沟，在排水沟下游的适当位置设置蓄水池，对雨水和融雪水进行收集，然后再经过综合处理，进行回收利用，形成完善的雨水和融雪水截、汇、排、蓄、用系统。

（二）生活污水处理

滑雪旅游区内通常根据地形走势，结合用地规划，将旅游区分为若干个污水排放区，每个排放区内设置独立的污水处理设施，负责该片区生活污水的处理，区内污水由污水主干管依地势汇集导流至污水处理设施。也有部分滑雪旅游区采用人工湿地的方式净化污水。

（三）再生水利用

经处理后的融雪水和生活用水被分散储存在山体的蓄水池中，这些集蓄水主要用在以下三个方面：雪季时可用于人工造雪；非雪季时对雪场内的绿地进行浇灌，也可作为室内外景观用水；就地回灌补充地下水。相对融雪水而言，生活污水可再生利用且水资源量比较稳定。污水经处理后，主要用于旅游区内冲厕及场地浇洒等。

根据滑雪场污水处理厂 3 种进水的特征，以及经处理后所得再生水的用途，滑雪场的再生水厂出水应至少达到《城市污水再生利用——城市杂用水水质》（GB/T18920-2002）标准；如果需利用再生水进行人工造雪，则再生水水质应达到《地

— 113 —

表水环境质量标准》GB3838 – 2002IV 类。一些位置特殊，如周边有水源保护区，或所在区域生态敏感等的旅游区，其再生水厂出水应达到更高的水质标准，符合《城市污水再生利用补充水源水质》GB/T18921 – 2002 的相关要求。

四、雨洪管理

（一）雨洪管理的目的

滑雪旅游区内山体众多、地势起伏较大，雨水既是灾害又是资源。如果不能正确疏导，雨水顺山体流下后会形成较大的地表径流，对附近地势较低处的建成区产生威胁。与城市相同的是，开发建设往往意味着铺装、道路、建筑等不透水面积增多，导致场地的自然蓄水能力下降以及地表径流的迅速变化，通常表现为地表径流速率和径流量增加，从而使排水系统负担变重。同时，因开发带来的问题还有雨洪径流水质的下降及污染物的沉积等，这就需要通过雨洪管理系统加以控制和引导。

（二）雨洪管理的策略

关于雨洪管理问题的新思想是将径流量、径流速度及水质问题纳入统筹考虑加以解决，从而实现雨洪的就地处理，而非转移到场地之外。对滑雪旅游区而言则需要通过设计降低对水文循环的影响，最大限度地维持场地开发之前的排水模式，实现对雨洪系统的影响最小化。在此基础上，通过合理利用滞留、储存、下渗等雨洪管理技术，减少排水管线和构筑物的使用，进而降低开发建设中排水系统的造价。

1. 控制场地铺装面积

滑雪场的开发建设离不开各类场地、道路、建筑和构筑物等不透水表面的增加。由于透水界面向不透水表面的转化，雨水入渗受到很大限制。这导致雨洪径流速度、流量、速度的增长和集流时间（汇流时间）的下降。有研究表明，当流域内不透水表面达到总面积的20%时，河流的水质就会出现恶化。而建筑的占地面积由于受分区规划、控制性详细规划等条件的制约，在特定区域内的面积基本固定，对整个区域硬化覆盖率的控制较弱。因此，控制铺装地面特别是道路和停车场的面积，就成为减少不透水表面的主要途径。

有时道路会占到整个区域不透水面积的70%，因此道路宽度的精心设计十分重要。严格控制道路宽度可以为绿化隔离带提供更大的空间，也可以为雨洪的生物滞留区域提供空间。在场地尺度上，缩减步行道、车行道等的宽度，也是减少不透水表面的一个好方法。

控制停车场的雨水入渗通常有两种方式，一种是在规划设计过程中精确预测将来所需的停车场面积，并针对不同大小的车辆划分不同的停车面积，尽可能减少停车场地面积浪费；另一种是在停车场铺装上透水材料，促进雨水入渗，从而降低地表径流。

2. 采用透水铺装

通常铺装会形成不透水的硬质地面，产生更高的径流系数和径流量。透水铺装的目的是提高铺装渗透性的同时，保持硬质铺装的性能。

透水铺装的优点和缺点都有很多。优点包括入渗率高于自然场地（植物吸收水分较少）；对雨洪径流量和径流系数都有控制效果，减少水土流失；通过维持土含水量保育现状植被；减少地面积水；促进径流污染物清除；减少排水系统建设进而降低造价等。

影响透水铺装效果的一个主要因素是施工方和工程师是否具备丰富的经验。透水铺装的堵塞是另一个潜在因素，不恰当的建设和维护都能造成透水铺装的堵塞。影响透水铺装效果的其他因素还包括地下水污染的威胁、土壤饱和造成地基软化等。在寒冷地区，透水铺装上不得使用沙土和融雪剂融雪。

3. 建立蓄水池

蓄水池可长期储存雨水，实现雨洪管理、污染物清除、环境美化等多重功能，其附带价值还包括提升环境品质、营造休闲空间、创造生物栖息地等。蓄水池的布置和驳岸处理可以采用自然或人工等不同风格。通过蓄水池的进水、出水控制，从而调控雨洪径流高峰时的最大流量。通过种植具有净化功能的水生植物，形成净化滞留池，延长雨洪滞留时间，更有效地去除径流中的悬浮物，改善径流水质。蓄水池可能面临的问题有安全问题、水体异味、滋生蚊蝇等，维护和清淤也是采用蓄水池必须考虑的问题。

4. 建设人工湿地

人工湿地具有丰富的环境、生态功能，包括净化污染、改善水质、控制雨洪、补充地下水、提升生物多样性等。

人工湿地设计最重要的一个问题是水量平衡问题。水量平衡是指湿地入流量、储水量和出流量之间的平衡问题。通过在湿地上游建设沉淀池，对雨洪径流进行预处理，清理淤泥，可以有效控制进入湿地的雨洪流量并隔离泥沙，防止泥沙淤积影响人工湿地水量。

人工湿地的种植设计也非常重要，既要符合湿地的各项功能要求，也要适应场地的水文、土壤和水位变化。

5. 采用绿色屋顶

绿色屋顶是在建筑顶部集合了防水、排水、屋面保护和植物种植的工程化设施。绿色屋顶的设计除了满足建筑屋面种植植物，对建筑结构进行保护外，同时实现对不同雨量降水的吸收，也能做到对雨水的滞留和延时排放。绿色屋顶还能起到净化雨水、缓解热岛效应、建筑节能的作用。

第四节　滑雪场市场营销管理

一、市场营销管理重要性

可以说，滑雪场是铁打的营盘，滑雪者是流水的兵，只有市场营销才是硬道理。而市场营销又可划分为市场行为与营销行为，后者也通常被称作销售。实践中，很多人往往把两者混为一谈。它们有很多共同点，也有很大不同，最大的区别在于市场是创造需求，而销售是满足需求。

市场的工作主要是想方设法让滑雪者知道并全面了解滑雪场，具体手法包括在各种各样的媒体上宣传，如电视、报纸、杂志、海报、传单以及网络。比较惯用的手法是，租一辆大巴车，车上张贴或者涂刷该滑雪场的宣传画报等，在周边区域来回宣传，同时负责接送滑雪者。如果想让滑雪场在最短时间内被尽可能广泛的人群知悉，可借助网络面向全社会征集广告语，设置高额的奖金，比如9999元，同时配合事件营销，形成持续上升的市场关注度，全方位提升滑雪场的名气与品牌。而销售，主要是对一些目标客户进行精准销售，比如到周边景区接洽路过的旅游团或背包客，到写字楼、咖啡馆、快餐店、酒店、中高级社区等派发传单，再如通过电话、短信、微信等方式直接向单位或个人销售。

二、营销措施

（一）会员制

会员制度的好处就是可以有效避免淡季，同时可提前回笼资金，并留住一些常客。对这些常客来说，则是一定程度上的优惠。会员卡一般分为月卡、季卡、年卡，或者金卡、银卡、铜卡等。要根据不同卡给予不同的折扣优惠。还可以依托会员组建滑雪者俱乐部，逐渐吸纳更多滑雪爱好者参与其中，定期举办一些活动，如比赛或研讨会，及时掌握雪友的意向，调整服务方向，使更多滑雪爱好者光顾。

（二）渠道商

除直销外，滑雪场要懂得发展渠道营销和生意伙伴，借助别人的力量提高自己的业绩。招募合作伙伴一般来说要不拘一格，比如各类旅行社、各种滑雪组织和各种与教育、娱乐、运动有关的机构，乃至个人。尤其是旅行社及滑雪组织，他们一般不缺客户资源，具体操作时可利用激励手段，争取最大化地利用其客户资源。至于个人合作者，要防止其借用滑雪场谋取不正当利益，损毁滑雪场形象。

三、提高经营效益的措施

滑雪场提高经济效益必须从消费者人数、滑雪价格、消费时间、消费项目上寻找最佳匹配，从五个可变量对滑雪场效益的影响程度出发，制订相应方案，实施具体措施。

（一）努力拓展市场，增加滑雪者人数

增加滑雪场的消费者是提高滑雪场收益的最佳方式，每个滑雪场的人数受地理和经济环境的影响非常大，仅仅停留在周围市场空间远远不能满足滑雪场的经营额度，拓展市场空间对滑雪场的经营发展势在必行。

我国的滑雪场经营现在处于等客上门状态，对由于交通条件的制约，超过2小时车程的潜在消费者没有引起足够的重视，各个滑雪场是小范围争夺客源，没有向更远发展的意愿和方法。比如，黑龙江的众多滑雪场，在南方省市设有办事处的只有亚布力一家，缺乏必要的市场营销策略，市场空间极为有限。随着国家加大交通

基础设施的建设，高速公路、高速铁路的建设逐步完成，"地球村"的理念必须成为滑雪场经营的首要条件，滑雪场应该把经营的触角延伸到全国各地，推介滑雪，营造更广泛的滑雪氛围。

（二）提高滑雪场服务质量，提升消费价格

我国的滑雪场正处于市场发展的初期阶段，靠低价竞争的手段吸引客源，缺乏人性化的经营策略。在滑雪服务方面，缺少规范标准，滑雪场的整体服务水准与消费者的心理期望值有落差，提价了没人滑雪，不提价滑雪场运行艰难。对于不同档次的滑雪场要确定最低限价，做到物有所值，质价相符，强化质量管理、明确服务价格，不同的滑雪场确立差异性的服务意识，滑雪场的定价要基于成本、区域经济状况、地理环境的因素，优质优价。

（三）适当延长滑雪时间，增加经营效益

滑雪时间的延长，对于滑雪场是比较直接的增收方式，但是，由于国家法律的约束和劳动者生理的差异性，简单延长滑雪时间不是长久之计，只有提高有效滑雪时间才是滑雪场提高效益的根本途径。

（四）挖掘滑雪场的现有资源，增加消费项目

滑雪场的最大资源是场地，如何使有限的场地效用最大化呢？增加其他消费项目是最好的方式。我国的滑雪场主要是高山滑雪型的，滑雪道外辅助的场地有待开发利用。建单板公园、雪地赛车场、雪地高尔夫场、儿童戏雪园地等都是增加滑雪场效益的好方法，滑雪场必须关注社会消费点的变化，适时调整其经营项目。

（五）降低经营成本，寻求资源优化配置方式

降低经营成本是滑雪场对内挖掘潜力的最简单方式，但是，滑雪场的经营成本有的是不能降低的，比如：前期开发建设成本、劳动力成本、安全成本等，那么，就必须从管理成本、经营成本上寻找突破点。由于滑雪场经营时间的季节性，在人力成本方面应以雇佣短期工为主。

滑雪场经营的社会化日臻完善，专业的管理公司、连锁经营机构、维修公司、服务公司等，社会分工进一步细化，更好地借助相应的公司协作，会有效降低滑雪场的运营成本，租赁索道公司人员、发包器材维修业务等会极大地减少公司的人力成本，使器材、设备和人员配置达到最佳，提高运营效率，降低运营成本。

第五节 滑雪场客户关系管理

一、滑雪场客户管理的重要性

（一）滑雪旅游的特点决定了滑雪场客户管理的重要性

滑雪旅游的不同之处在于如果游客第一次滑雪有了非常好的体验，以后他还会去。随着滑雪次数的增加，自身技巧的提高，获得的快乐体验也越多，也就越愿意去滑雪，这就是滑雪场经营者最希望出现的"客户的上瘾"。

而客户对滑雪的"瘾"在很大程度上取决于滑雪场的培养。游客的第一次滑雪体验对以后是否愿意继续光顾起决定性的作用，是否有合适的组合产品，在很大程度上决定了游客重游的频率。客户光顾的次数越多，他才会更快"上瘾"，"瘾性"也更强烈。

总之，不同于一般景点的游览性，滑雪旅游的"休闲性和体验性"决定了其在经营上一定要注意客户管理。

（二）目前的市场状况决定了滑雪场客户管理的重要性

滑雪场在中国出现时间不长，真正忠诚型的客户群还没有形成，体验型、交际型客户占据了较大的份额。这种现象决定了各个滑雪场在争夺市场份额的同时，一定还要注意培育市场，大家共同把"蛋糕"做大。

只要是来到雪场的游客，就要想办法激发他们对滑雪的兴趣，培育他们享受滑雪的乐趣。如果任其来去，只想办法吸引新顾客，促销成本会大大增加。长久下去，最终培育不出一批忠诚型的滑雪爱好者，后期的经营将会十分困难。

（三）品牌的塑造过程决定了滑雪场客户管理的重要性

品牌有三个维度：知名度、偏好度、忠诚度。目前，大部分雪场都能够锁定主要市场区域，通过宣传得到较高的知名度。但是从知名度向偏好度进步的过程，方法不多，更谈不上忠诚度了。

其实，在激烈的市场竞争中，想要使消费者偏好自己的雪场，就必须做好客户管理工作。客户来与不来的原因，都要通过调查分析来改进自己的工作。满足客户

的要求，才能够吸引客户的偏好和忠诚。

（四）关系营销的有效性决定了滑雪场客户管理的重要性

关系营销是指企业试图与顾客发展一种持续不断扩充和强化的交换关系。其精髓就是实现从客户身上得到长期总收益的最大化。而基础就是注重客户关系管理，对客户的具体情况一无所知，是无法进行关系营销的。所以，为了滑雪场的长期利益最大化，一定要注重客户关系管理。

二、滑雪场所的客户种类及需求

（一）客户种类

滑雪者的需求和最后的选择与滑雪者的滑雪动机有很大的关系。我们可以把滑雪者大致分成三种类型：

运动型滑雪者：对滑雪活动的运动方面更感兴趣，比较年轻，对滑雪道比对度假地的景色更感兴趣。

思想型滑雪者：受户外富有美感的体验所吸引，年龄较大，对滑雪度假地的景色很感兴趣。

社交型滑雪者：滑雪主要是为了与朋友和家人接触和交流。

在上述三类客户类型中，运动型滑雪者和思想型滑雪者是最主要的群体，但他们对目的地的选择完全不同。运动型滑雪者多去海拔较高的滑雪度假地，那里的滑雪道数量较多，高度差较大，有很多缆车，当然缆车门票也很贵。思想型滑雪者更倾向于海拔较低、设备一般、价格较便宜的滑雪度假地。

美国芝加哥大学教授、麦肯锡咨询公司创始人麦肯锡根据滑雪频率和滑雪倾向，把滑雪市场分为七种消费者类型：

潜在消费者：从没滑过雪，但在人口统计方面有与滑雪者相似的特征。

新滑雪者：本年度第一次滑雪。

偶尔滑雪者：自认为是滑雪者，但不是每年都滑雪。

低频率滑雪者：上一年滑雪次数为 1~5 次。

中频率滑雪者：上一年滑雪次数为 6~15 次。

高频率滑雪者：上一年的滑雪次数为 16 次以上。

中途放弃的滑雪者：以前是滑雪者，但现在已不滑雪。

由此可见高频率的滑雪者几乎没有额外的开发潜力，最大的开发潜力在于低频率滑雪者。因为低频率滑雪者已经认可了此项运动，如果某些方面改进的话，如提高雪道上的体验或在员工培训方面增加投资等，他们会增加滑雪的次数。

（二）了解不同的滑雪客户

滑雪指导员要想与滑雪客户建立合作关系，必须了解不同类型的滑雪客户。那么怎样才能与不同滑雪客户沟通呢？

1. 了解滑雪客户的需求

滑雪客户的需求是千差万别的，不了解客户的需求，就无法提供有效的服务，想要了解客户的需求，提问是最好的方式。通过提问可以准确、有效地了解客户的真正需求，以便为客户提供他们所需的服务。提问方式一般有以下几种：

提问式问题：单刀直入、观点明确的提问能使客户详述你想了解的情况。例如，"您以前都在哪里滑过雪？"这常常是为客户服务时最先问的问题，提这个问题可以获得更多的细节。

封闭式问题：封闭式问题即让客户回答"是""否"，目的是确认某种事实、客户的观点，问这种问题可以更快地发现问题，找出问题的症结所在。例如，"您是第一次滑雪吗？""您需要请滑雪教练帮助您滑雪吗？"这些问题是让客户回答"是"或者"不是"，"请"或者"不请"。如果没有得到回答，还应该继续问一些其他问题，从而确定问题的症结所在。

了解对方的身份：在与客户刚开始谈话时，可以问一些了解客户身份的问题，例如，对方的姓名、职业、联系方式等，目的是获得解决问题所需要的信息。

描述性问题：让客户描述滑雪的经历、情况，谈谈他的观点和看法，这样有利于了解客户的兴趣和问题所在。

澄清性问题：在适当的时候询问，并且先给予一定的帮助，再谈你的意见或是推荐自己，可以了解客户的需求。

有结果的问题：例如，滑雪指导时间结束，要询问客户对所提供的服务是否满意，这样有助于提醒客户再次光顾或是介绍其朋友来请你做指导。

询问其他要求的问题：与客户交流的最后，还可以询问他还需要哪些服务，例如，"先生，您的指导时间已经到了，您还需要继续指导学习吗?"通过主动询问客户的需求，提醒客户他还需要继续学习，这样就会得到更多的机会也容易让客户记住你，为以后的合作奠定基础。

2. 观察滑雪客户的特征

每一位客户都是独一无二的。识别滑雪客户的特征能使我们更清楚地了解谁是我们的客户。滑雪客户的特征是从客户的穿着打扮、职业判断、言谈举止中发现的。

3. 主动提供一定帮助

在滑雪的准备阶段，很多滑雪者很迷茫，对滑雪知之甚少，这时候急需专业人士的帮助，滑雪指导员可主动地发现和提供一些小的帮助，并借此机会与之交谈，向他们推荐自己，从而进一步了解滑雪客户。最终，建立一种合作关系。

4. 通过倾听客户的谈话来了解客户

在与客户进行沟通时，必须集中精力，认真倾听客户的回答，站在对方的角度尽力去理解对方所说的内容，了解对方在想些什么，对方需要什么，要尽可能多地了解对方的情况，以便为客户提供满意的服务。

5. 观察客户的非语言行为

如果希望说服客户，就必须了解客户当前的需求，然后着重从这一需求出发，晓之以理，动之以情。在与客户的沟通过程中，可以通过适当地问题，以及观察他们的非语言行为了解客户的需求和想法，更好地为他们服务。

三、滑雪社会体育指导员与客户沟通的技巧

滑雪指导员的主要任务是教会滑雪客户滑雪技术，其效果好坏与滑雪指导员的人际关系处理能力有关，这种人际关系的处理需要一个沟通过程。沟通可以实现滑雪指导员与客户之间的良好互动，达到双赢的效果。如果不能有效地沟通，任何积极上进的想法都将失去意义。沟通创造需求，对客户的想法、意见、需求的了解，可以改变服务的理念、特色和效益。在与滑雪客户的沟通过程中，什么时候该问寒问暖、什么时候该保持沉默、什么时候该表扬鼓励、什么时候该用肢体语言等，都讲究一定的技巧和艺术。

（一）针对不同类型客户沟通的技巧

用适当的方式与不同类型的滑雪客户进行有效的沟通与交流，需要一定的方法和技巧。

1.漫听型客户

漫听型客户是指听别人说话时漫不经心，注意力不集中的客户。滑雪指导员在尽力地陈述自己的观点，而客户压根儿就不关注。他们眼神飘忽，思想开小差还经常打断别人的话，总是觉得应该由他来下断语。对待漫听型客户，应不时地与他保持目光接触，使他专注于你的讲话，并不断向他提一些问题，讲一些他感兴趣的话题，迫使他集中注意力。

2.浅听型客户

浅听型客户是指只停留在事物的表面，不能深入问题实质的客户。这类客户常常忙于揣摩别人接下去要说什么，所以听得并不真切，他们很容易受到干扰，甚至有些客户还会寻找外在的干扰。他们喜欢断章取义，而不想听别人的完整表述。对浅听型客户，应简明扼要地表述，并清楚地阐述你的观点和想法，不要长篇大论，以免客户心烦。

3.技术型客户

技术型客户会很努力听你的话，他们只根据你说话的内容进行判断，完全忽视说话人的语气、体态和面部表情，他们较多关注内容而较少顾及感受。对技术型客户，应尽量多提供事实和统计数据，提出你的观点，并让他积极进行反馈，通过观察客户的非语言行为了解他的需要、欲望、观点和想法。

4.积极型客户

积极型客户倾听时在智力和情感两方面都做出努力，他们会着重领会你说话的要点，注重思想和感受，既听言辞，也听言外之意。对积极型客户，应该注意选择他们感兴趣的话题，运用语言表达技巧，与他们多进行互动反馈。

（二）语言沟通的技巧

1.掌握有效的沟通语言

服务人员的语言是否热情、礼貌、准确、得体，直接影响客户是否请滑雪指导员的行为，并影响滑雪学校的形象。一名合格的滑雪指导员的话术或语言，应具备以下

特点:

(1) 讲解技术语言要有逻辑性，层次清楚，表达明白。

(2) 突出滑雪技术的重点和要点。

(3) 说话真实、准确。

(4) 说话文明。

(5) 话语因人而异。

(6) 能适时调整自己的音量和讲话速度。

2. 掌握适度的身体语言

当与客户进行面对面的沟通时，身体语言更能表露内心的感觉和想法。为表现出对客户的热情、友好、尊重和坦诚，更有效地与客户进行沟通，应注意用下列积极的身体语言。

(1) 面部表情平静、专注、真诚。

(2) 保持目光交流。

(3) 与客户保持适度的空间距离。

(4) 语调平静、自然、亲切。

(5) 穿着得体大方。

3. 如何成功地打造引人入胜的开场白

(1) 友好的问候。

(2) 自我介绍。

(3) 扣人心弦的谈话。

(4) 接受客户做出的各种姿态。

(5) 郑重交换名片。

(6) 使用尊称。

4. 寻找展开交流的话题

(1) 寻找与客户之间共同的兴趣。

(2) 根据客户的个性和情绪因人而异寻找话题。

(3) 给客户留出一定的空间。

(4) 对客户的同行者一视同仁。

5．学习延续对话的技巧

（1）注意声调、语气。

（2）少用是非题和选择题。

（3）多提调查性问题。

（4）询问有关客户信息的问题。

（5）询问一些额外问题。

6．学习推销自己

（1）专业技能展示。

（2）服务态度端正。

（3）专业知识熟记于心。

（4）调动客户的积极性。

四、滑雪场客户关系管理方式

客户关系管理的目的就是要与客户建立长久的关系。为此，不但要培训全体员工的客户管理意识，而且要建立一套合适的客户管理制度。

（一）分类管理

所谓分类管理就是根据客户类型进行管理。根据行业、职业、动机等属性把客户细分成不同群体，选择合适的组合产品和沟通方式。细分群体的时候一定要注意两点：一是群体要有可达性，就是具备共同的媒体特征，我们才有合适的方式与他们进行有效的沟通。二是群体本身要有一定的规模和消费能力。

这里以单位团体、非正式群体和散客的管理思路为例。单位团体来滑雪，一般情况是年底的总结会或奖励慰问游。对待这类客户，一定要分辨出谁是有影响力的那个人，重点和他沟通，建立联系。单位旅游注定不会经常来，所以要选择合适的时间去和合适的人沟通。另外，要注意培养忠诚型客户，某些员工喜欢上滑雪之后，将会在每一次集体旅游中极力地去影响单位去滑雪场。

非正式群体是组员之间经常有联系、群体有一定架构的非正式组织，如大大小小的各种户外运动组织。这些组织外出活动频率较高，而且本身比较喜欢运动，更容易培养起对滑雪的爱好。在沟通上要注意和其领导人协商，如何在保证雪场利益的前提下，尽可能给予相应的折扣和较好的服务。适当的时候，可以组织不同非正式群体之间的对抗赛，这样既增加了各群体的滑雪次数，又增加了群体对雪场的情感忠诚度。

对于散户，不管是时尚型还是跟随型，至少滑雪能够满足客户的某种心理需求。第一次滑雪体验对于这类客户的影响较大，一定要及时与他们沟通，因为他们将会影响周围一批观望人群的消费决策。

（二）分时管理

分时管理就是在不同时间段采取不同的管理行为。具体来讲，就是仔细分析客户在滑雪前、滑雪中、滑雪后三个阶段不同的心理和需求，采取合适的沟通方式。

1. 滑雪前

注意培养客户对滑雪的期盼，降低他们对自己很容易就学会的期望。比如，旅行社导游在来雪场的车上，可以放映一些冬季奥运会的比赛集锦，直接刺激他们的滑雪欲望。另外，适度打击他们觉得很容易就学会的心理。一是要让他们尽可能地去请教练，二是万一客户不能很快学会，心理上也不会发急。而很快就学会的游客，会自然涌起骄傲感和惊喜，这些都增加了客户的体验价值。需要注意的是，这种心理上的预防打击要适度，否则很多客户感觉太难了，就可能干脆不学了。

2. 滑雪中

注意做好每一个环节的服务。第一次来的游客，对滑雪的整套程序还不熟悉，甚至连鞋都穿不好，雪板也不会踏；还有些初次滑雪的游客不愿意请教练，但又滑不好，或者不会用牵引杆，有些胆大的滑雪者还不会滑就从高处下滑而经常摔倒，这在很多雪场都很常见。对于这些经常发生的情况，要有针对性地采取解决方案。总之，客户需要的服务，雪场要在成本允许的情况下尽可能地做好，这样才能增加游客的滑雪体验。

3. 滑雪后

跟进和沟通。在雪场内要尽可能地创造滑雪气氛，帮助客户提高滑雪水平。例如，游客滑雪后休息，无论在休息厅或在宾馆房间，应该放置一些技术讲解视频，帮助游客提高技巧。客户离开以后，要采取适当的跟进方式，通过不同频率的贺卡、短信、优惠券等方式，吸引游客再次光顾。

（三）关系营销

滑雪场通过提供滑雪体验这一核心产品与顾客建立关系，接下来要做的就是扩充和强化这种关系。雪场要考虑如何通过提供附加利益来吸引顾客，但一定要提供目标客户群体感兴趣的，否则是没用的。在定价方面，主要是通过灵活的价格措施鼓励重复消费，但要注意的是重复消费者并不一定都是忠诚型顾客。要想使其忠诚，必须创造顾客对雪场的情感依赖。主要手段是在客户滑雪的每一个阶段，努力使顾客由满意到愉快再到偏爱。提供的服务要能满足或超出预期，长期坚持下去，必将能够创造出一批忠诚的顾客。

五、加强管理人员职业能力的培养和提高

顾客是通过某个具体给他提供服务的员工的行为来感知雪场服务的。员工在提供服务的过程中是否有发自内心的热情、关心，顾客是能够感觉到的，这一点不是制订一些规定就可以做到的。一定要建立合适的企业文化影响员工的思想，并用合适的激励措施使员工提供主动热情的服务成为一种习惯。

培养和提高管理人员的从业能力是滑雪场工作的重点，同时也是难点。作为对应用型人才紧缺的企业更应注重对员工实际动手能力的培养。针对滑雪场的具体特点，在加强员工基本能力的同时，更应注重对员工实际操作、适应社会需求等各方面从业能力的培养和提高。

（一）业务能力

1. 服务能力

滑雪场各岗位的工作都需要专业的服务技能，而不同等级的滑雪场对于服务技能的要求也不一样，熟练的服务技能有助于员工迅速适应滑雪场工作，所以在日常的教学和实习实训中要模拟滑雪场的工作环境以培养滑雪场员工的服务能力。

2. 沟通能力

沟通是滑雪场从业人员要掌握的重要的技能之一，滑雪场实际工作要求员工能够面对细致的工作流程、复杂的客情关系、各种突发事件。因此，具备良好的沟通能力是高效解决所遇的问题、顺利开展工作的重要保证。

3. 客户协调能力

对于滑雪场人员来说，将无可避免地涉及客户服务工作。客户服务的重点在于协调滑雪场与客户之间的关系，寻找其利益的平衡点，平衡二者之间的矛盾。

4. 执行能力

滑雪场各种经营理念需要良好的执行能力才能实现，这就要求滑雪场员工具备正确领会领导意图的能力，不断总结、不断完善。

5. 外语能力

目前我国滑雪场的涉外性越来越明显，滑雪场管理人员会经常与外国人接触。因此，滑雪场人员须尽量多了解英语，掌握一定的英语口语交际能力，这样才能够与外国人进行良好交际、才有利于雪场吸收外来的文化与经验。

（二）管理能力

作为一名现代滑雪场管理人员，应注重管理知识的学习和管理能力的培养，懂得如何利用所掌握的资源，有效地进行资源整合、分配，主要从以下几个方面着手。

1. 计划、组织与控制能力

计划、组织和控制是现代企业管理也是滑雪场管理工作的基本要素。滑雪场管理人员的计划能力要求管理者一方面要做好工作计划，另一方面要注重职业规划，这样才能系统、有动力地展开工作。组织能力，则是指组织员工工作和组织销售工作的能力。对于各项活动过程的控制，会减少因过于偏向工作量考核而出现的问题。

2. 观察、分析与决策能力

作为滑雪场管理人员必须具备在市场中捕捉所需信息的能力和去伪存真的分析能力，了解把握滑雪场游客的需求，更好地提供游客所必需的服务；能依据基层管理人员提供的各项数据和资料做出决策。

（三）政治思想素质与文化素质

1. 政治思想素质

每个滑雪旅游管理人员的一言一行都与滑雪旅游事业的荣辱息息相关。因此，必须有很强的职业道德和献身精神。由于滑雪场管理人员经常接触外宾，因此，滑雪场管理人员还必须有较高的思想政治素质，能够自觉地坚持四项基本原则，有抵制资产阶级思想腐蚀的能力。

2．文化素质

要有较高的文化修养和善于交际的能力，滑雪场管理从业人员要有高尚的情趣和美好的情操，衣着整洁、举止端正、谈吐文雅、严于律己、真诚待人。滑雪旅游活动包含人们饮食、住宿、购物、娱乐等多项活动，涉及人们社会生活的各个方面。因此，滑雪场管理人员要想为五湖四海的人提供优质的服务，就必须具有较高的文化素养，能够使滑雪者深刻感受当地的文化和优良传统。

（四）重视引进年轻人才，创造人才成长的最优环境

滑雪场作为企业，对选用滑雪场管理专业的大学毕业生时要求工作经验固然重要，但将缺乏经验的大学毕业生拒之门外是不可取的。懂管理、有知识、敢开拓、能创新，又满腔热血的有为青年应该是滑雪场发展的中坚力量。滑雪场要改变过去重效益、轻人心，强调团队精神而忽视个人需求，缺乏沟通，轻视个人尊严的员工管理模式。真正尊重知识，重视人才。滑雪场只有重视人力资源的开发配置，才能做到用人所长，人尽其才。

第六节　滑雪场安全管理

一、滑雪场伤害分析

在 2022 年北京冬奥会举办的契机下，我国冰雪运动的繁荣发展迎来了重大机遇。冰雪运动场地在全国各类场地中增长迅速，滑雪场的增速尤甚。但相伴而生的，还有一些滑雪事故，影响了人们乐享冰雪。

（一）滑雪伤害类型

1．冲撞型伤害：指在滑雪区域内，滑雪者由于其他滑雪者的冲撞而被动受到伤害。

2．技术型伤害：是由于滑雪者本人的滑雪技术和生理原因，自身摔倒、冲撞障碍物等造成的伤害。

3．器材型伤害：是滑雪器材方面的原因，而使滑雪者受到伤害，如雪板断裂，

固定器失灵，雪板、雪鞋匹配不符合使用者条件等。

4. 场地型伤害：是由于场地设计不合理或施工中对场地进行改造而产生的长度、梯度、宽度、坡度等的变化对滑雪者造成的伤害，如初级道设计不合乎标准或超标准，高级道施工中苛求惊险地形等。

5. 设备型伤害：指大型设备在运行中对滑雪者造成的伤害。如造雪机漏电、魔毯运行不畅、索道变速快慢不均等所导致的人员触电、砸伤、摔伤、冻伤等。

6. 防护设施缺陷型伤害：是指滑雪场在雪道设置上缺少必要的保护、警示等措施，使滑雪者误入"歧途"而产生的伤害。如雪道缺少安全网，使滑雪者冲出雪道外受伤；雪道边缘的树木、大型设备等没有做好防护措施，使滑雪者冲撞受伤。

7. 雪况型伤害：是由于人工雪和自然雪的混合使用，对雪道上的雪况没有做加厚、填补，或没有对雪道、雪况进行人工整理而产生的伤害。如雪未压、雪结冰、雪道铺雪厚度太薄等原因造成的伤害。

8. 天气因素型伤害：在风力过大、降雪、降雾、能见度差、阳光反射产生雪盲等天气因素造成的伤害。

9. 其他因素型伤害：滑雪者进入滑雪场，由于其他原因的伤害，如被雪杖扎伤、汽车撞伤、行走滑倒受伤等。

（二）滑雪伤害原因

1. 滑雪场行业监管部门重视不足

《中国滑雪场所管理规范（2017 年修订版）》于 2017 年 10 月 30 日发布，是在 2013 版的基础上经过调查、研讨而补充修订的，为各级滑雪场所的体育行政管理部门提供了监管依据。2017 年管理规范中更重视安全问题，人身伤害事故的发生也相应减少。对比 2017 年新规范发布之前的情况，滑雪场行业监管部门对滑雪场安全工作的重视和监管不足，是滑雪场人身伤害事故发生的宏观背景原因。

2. 滑雪场所管理不到位

滑雪场人身伤害事故发生的重要原因是滑雪场所管理不到位。比如，传送带设计缺陷和现场管控缺位造成传送带"吃人"事故，巡逻人员不足造成对受伤滑雪者的发现不及时，雪道上裸露电线造成滑雪者绊倒等，都是滑雪场所管理不到位的问题。具体反映在如下几个方面：

（1）滑雪道警示标识设置缺乏

滑雪者初到滑雪场时，首先需要了解雪道上各种标识的含义及雪场设施的使用注意事项，这样才能在保证安全的情况下，尽情享受滑雪的乐趣。滑雪道上的道标、指示牌、滑雪场的索道、滑雪场图示、休息场所等，滑雪场必须要有明确的标注。但是我国大部分滑雪场，在警示标识方面做得并不完善，导致安全问题发生。

 知识链接

冰雪运动场所用安全标志

2021 年 9 月 1 日，《冰雪运动场所用安全标志》（GB/T40232 - 2021）由国家市场监督管理总局、国家标准化管理委员会批准发布，并于 2021 年 9 月 1 日起正式实施。《冰雪运动场所用安全标志》将冰雪运动场所中常用的安全标志分为禁止标志、警告标志、指令标志和安全状况标志 4 类，规定了 47 个安全标志，通过安全标志的形式将冰雪运动场所中的风险信息图形化，以利于风险信息的迅速传达和信息识别，成为冰雪运动场所安全管理的有效手段。

图 4 - 4　警告标志

图 4 - 5　指令标志

图 4 - 6　禁止标志

（2）雪道设置存在问题

首先，雪道上禁止放置任何会引起危险事故的物体，防止滑雪者撞击造成危险。其次，雪道开放时间必须要明确准时，在非开放时间禁止滑雪者使用，一旦滑雪者在雪道上出现事故，在没有工作人员的情况下，得不到及时有效的帮助，极易造成更加严重的事故。

（3）防护设置存在问题

滑雪场的防护设施主要有雪道防护网、障碍物、防护垫、提示牌、警示色。由于防护网残缺不全、防护网的材质不良、不能有效隔离滑雪道内外环境，使滑雪人员冲出雪道受伤。众所周知，大多滑雪场依照自然山形坡度建设，雪道两侧一般留有灌木和乔木，特别是有的雪道宽度有限，雪道弯度多，滑雪中更容易冲撞两侧的树木。在雪道的长度设计方面，很少留有缓冲区，在雪道的底部没有逆向弧度缓冲空间。滑雪者高速度下滑，很容易冲撞滑雪人员或者其他障碍物，造成致命伤害。

（4）大型设备管理存在问题

滑雪场的大型设备主要是运载设备，如索道、魔毯、雪地摩托；另一种设备是雪地机械，如造雪机、压雪车、雪地整形车。由于电缆漏电造成工作人员或者滑雪者的伤害已有多次记录，滑雪者撞到雪场外的大型设备事件也时有发生，由于索道座椅松脱造成摔伤、砸伤现象更需要注意。在运载工具的上下基站，往往出现滑雪者集聚、等待、争抢现象，运载工具的拖杆或吊椅由于圆周运动的离心力作用，容易产生伤害。在上下基站地形坡度设置缺乏科学规划，上下吊椅不方便，很容易被吊椅刮倒摔伤。

（5）滑雪器材管理存在问题

滑雪场的出租性滑雪用具，滑雪板老化、残破，滑雪板金属刃线断裂、固定器功能失灵。滑雪场在雪季开始和结束期间才对雪具进行维修，在经营期间很少对雪具进行个性化维护，在雪具出租使用中，只对雪板的长度和雪鞋号码作选择，对固定器的安全数值没有微调。固定器的安全值域设定与滑雪者的身高、体重、年龄、性别、滑雪技术水平、雪质特点、雪道状况有密切关系，既不能太紧固，固定器受到一定力量冲击后不能自动脱落，也不能太松弛，固定器在滑行中特别容易脱落。如何确定固定器的安全值域，要因人而异。在国外的滑雪场，利用电脑测定，把雪场的雪道状况和每个滑雪者的生理因素综合评估，为不同的滑雪者提供"量身定做"的滑雪用具，达到安全系数最大化。

（6）安全监控管理不足问题

在滑雪者密度大，而雪上安全巡逻队员数量不足的情况下，极易发生人身安全事故。一旦发生事故，发现效率低，救治迟缓将使事态严重。另外，雪场监控设施缺乏，使场所内存在"无目击人"的监控盲区，增加了安全管理的不确定性。

3. 滑雪运动常识缺乏

到滑雪场滑雪的人对滑雪技术规范一知半解，对滑雪器材和雪道状况知之甚少，对滑雪只是一种游戏心理，只求快乐，对滑雪的伤害性认识不足。初级的水平做高难动作，越级滑雪，这些是造成伤害的主要原因。另外，有游客酒后滑雪，还有的带病滑雪，如患有高血压、心脏病等慢性病的游客在滑雪中最易发生伤害，过度疲

劳也是造成高级滑雪者伤害的原因之一。

4. 选址不合理

滑雪场建设虽然是模仿国外的雪场立地条件，但是在选址规划方面大多没有进行充分科学的论证，这主要是由于国内缺少雪场规划方面的专家，雪场建设完全处于自发的市场化状态。有的雪场虽然有前期规划，但在施工过程中存在随意变动现象，政府对滑雪场的建设缺乏规范约束和必要的指标体系，无法评估滑雪场的设施标准。每个滑雪场最大限度地开发土地资源，盲目性与逐利性并进，统筹性与安全性缺失，雪道建设存在先天性不足，为滑雪留下安全隐患。

5. 儿童滑雪区伤害

滑雪场经营项目主要是滑雪和戏雪。滑雪又分为双板滑雪和单板滑雪，戏雪主要是为不会滑雪的消费者开辟的以娱乐游戏为主的雪地项目，如滑雪圈、雪碟、雪船、打爬犁，部分滑雪场为吸引更多儿童滑雪，设立儿童雪地专区，在戏雪活动中，游戏者玩耍撞击，易引发伤害，这也成为雪场经营的安全盲区。

二、滑雪场人身伤害事故防范措施

滑雪场的安全管理应强调事前原则，在总结人身伤害事故发生原因的基础上，以风险防范为主。各层级管理人员应强化风险意识，加强识别能力，把安全事故的可能性降到最小，严重性降到最低。以下从行业监管部门、滑雪场所和滑雪者三个方面具体论述。

（一）监管部门完善和落实安全管理制度

自国家体育总局发布《中国滑雪场所管理规范（2017 年修订版）》后，国家体育总局冬季运动管理中心和中国滑雪协会组织专家组联合地方主管部门，对全国部分滑雪场进行重点检查，督促和确保各项制度、责任的落实。滑雪行业的安全监管制度建设取得了较大进展。为使其发挥长效作用，各地相关体育主管部门，应认真落实对所辖滑雪场的安全检查，加大安全检查力度，做到安全监管制度完善，安全检查落实到位，全力保障滑雪者的人身安全。

（二）滑雪场规范建设和经营管理

1. 提升滑雪场安全经营理念

对滑雪场经营管理人员进行安全培训，建立考核机制。对安全事故的预防、现场处理方式、设备使用进行定期演练，设立初级的安全防范程序，做到小事故可以现场应对处理，大事故可以及时快捷转移救治，最大限度保证滑雪者的安全需求。

滑雪场每日经营结束，要有巡检人员对雪场雪况进行检视，及时发现安全隐患，防止滑雪者人身财物损伤或遗失。

2. 加强滑雪场规划的科学性论证

滑雪场建设的前期规划论证很重要，由于滑雪场的投资者对论证的认识和重视程度不足，不经论证匆匆上马，建设中改变或不按规划实施的情况屡见不鲜，投资者或管理者的一句话可以改变专家的设计规划，使滑雪场建设先天不足，最终成为畸形雪场的事例很多。在滑雪场开发建设前，进行科学规划不应是形式和过场。

3. 强化设施、设备的日常保养和维护

雪道场地、安全网防护设施和索道等设备都应按照规范建设，设置齐全并配以醒目的安全标识。安全经营必需的救护设备和器材也应配备齐全。

另外，滑雪场的大型设备一般分为电动设备和机械设备，如造雪机、索道等属于电动设备，雪地整形机、压雪车、雪地摩托等属于机械设备，一旦电动设备漏电，对人的伤害是致命的。对这些设备的日常保养和维护，各雪场应设置专业人员进行管护，做到日用夜检，时时管护。

4. 规范滑雪器材使用

滑雪器材的租用以滑雪租用者的身体状况和技术水平而定，视体重、身高来匹配雪具。鉴于每一个滑雪者的熟练程度的差异性，雪具的技术参数设定也不同，各滑雪场必须对雪具实行个性化设置，规范指标参数，建立滑雪场独立的滑雪器材匹配系数。

5. 配备充足的安全人员

安全责任人员配备充足，专业人员应具备资质。社会体育指导员、救护人员、巡逻员、巡场员等安全责任人员的配备比例应符合滑雪者密度，充足的安全责任人员是人身伤害事故防范和及时应对的重要保障。滑雪场所的社会体育指导人员、特种设备作业人员等应当取得有关资格证书，持证上岗。尤其是滑雪场的载人索道、魔毯等设备，在运行中应当配备专人值守。

（三）滑雪爱好者增强安全意识

滑雪具有惊险、刺激、速度快等特点，这些特点既是滑雪运动的吸引力所在，也是危险所在。目前，滑雪中发生的伤害事故，大多为滑雪者自行跌倒或互相间撞碰而致，属意外伤害事故。这类事故的防范，需要从广大滑雪者的安全引导和教育抓起，增加滑雪者的安全意识，并教育滑雪者安全滑雪的规律和规则。另外，应增加安全责任人对滑雪过程中滑雪者滑雪技术和技巧巡查，提醒滑雪者循序渐进，量力而行。

 知识链接

雪场十大安全准则要牢记

2022年雪季，滑雪场发生安全事故的新闻多次引起热议。所以无论你是滑雪发烧友，还是滑雪初学者，都必须意识到滑雪属于极限运动，危险系数较高，只有重视滑雪安全，才能安心享受快乐。对于国际雪联发布的《滑雪十大安全准则》，请时刻牢记。

1. 尊重原则：每位滑雪者都应该遵循以下行为准则，绝不做出将会损伤或致使他人受伤的行为。

2. 自控原则：每位滑雪者都应当让自己的滑行处于可控范围之内。其滑行速度和方式应当和其个人滑雪水平相符，并且应根据地势、雪质、天气和雪场人口密度来选择以何种方式滑行。

3. 选择安全线路原则：后方滑雪者务必要选择不危及前方滑雪者的线路滑行（前方滑雪者有雪道使用的优先权）。

4. 超越原则：从后方或侧方超越其他滑雪者时，请保持足够的安全距离。

5. 进入雪道、启动、爬坡原则：滑雪者在进入雪道、在滑雪中途稍作休息重新开始，或者向坡上攀爬时，务必保证不危及自己及其他人的安全。

6. 停止地点原则：除非必须，滑雪者应避免停留在雪道中间赛道、狭窄的雪道、视线易受阻的地方，若经过上述地点，请尽快通过。

7. 两侧行走原则：如需在雪道上行走时，请务必在雪道两侧。

8. 注意警示标识原则：请滑雪者务必对警示标识、禁止标识、提示标识保持足够的重视。

9. 协助原则：一旦遇见事故，每个滑雪者都有义务去帮助受伤的人。

10. 事故确定身份原则：事故后的滑雪者或者目击者，无论是否有相关责任，都应在第一时间联系滑雪场救护人员，并应该彼此留下联系方式。

除遵照这十条准则外，也必须意识到滑雪时摔倒是很难避免的，所以"摔"也是滑雪的必修课。当滑雪者感觉到无法控制平衡将摔倒时，应及时降低重心，绷紧身体，迅速扔出雪杖，尽量侧摔，避免后坐。若摔倒时速度较快，应避免慌张，用手臂护住胸前及头部，躬紧身体，防止致命伤害。

第五章

滑雪场四季经营模式探索

 学习目标

1. 了解四季运营的模式和内容；
2. 明确资源导向型和市场导向型模式。

第一节　从单季运营到四季经营

一、滑雪场单季运营弊端

作为当前全球滑雪市场唯一显著增长的国家，中国冰雪产业的巨大发展潜力显而易见，谁也不会质疑这个行业向上攀升的势头。然而，这同时也说明中国的滑雪市场尚不成熟，也不可避免地存在着诸多瓶颈，单季经营就是其一。

在中国滑雪场还很稀缺的年代，滑雪场"一年闲三季"的问题还不太明显，随着近几年我国滑雪场市场的快速发展，越来越多的人意识到，无法突破非雪季运营的瓶颈，便无法从本质上改善滑雪场经营不善的问题。其中也不乏先行者，如沈阳怪坡国际滑雪场、崇礼太舞滑雪小镇等，率先做出了多种开发非雪季旅游市场的举措。

沈阳怪坡国际滑雪场是辽沈地区滑雪场中向四季型运营发展的探索者与领军者，考虑到当地的气候特点，即冬季较长，四季经营其实近似于两季运营，也就是冬季

与夏季。而在夏季经营方面，沈阳怪坡滑雪场一直在进行着尝试。比较重大的举措是开发君越水世界——辽沈地区唯一的"林中海"主题水上乐园，由万亩山体花卉、万平户外玛雅文化造浪池及戏水乐园组成。

除此之外，近几年，沈阳怪坡滑雪场还增加了山林探索、户外拓展、弓箭场、户外篮球场与足球场等项目设施。这些项目一方面整合了现有闲置土地，使其高效利用；另一方面在促进滑雪场发展定位向四季旅游度假村转变的同时，为滑雪场增加了相应收益与口碑，带动了周边地区冰雪运动的普及，也为国内滑雪场四季运营模式奠定了理论基础。

图 5 - 1　沈阳怪坡君越水世界

崇礼太舞滑雪小镇的非雪季运营探索始于 2016 年，相对于其开业时间（2015年）并不算晚。崇礼太舞滑雪小镇投资总额超过 200 亿元，是 2022 年冬奥会项目主场，还是目前国内规模最大的综合滑雪度假区。其雪场规划、雪道设计、设备与人才配备自不必提，在不断开拓冬季运动项目的基础上，依山就势，设置了诸如徒步巡游、全地形越野车巡游、定向越野、山地高尔夫训练、飞碟射击、露营、骑马、射箭、空中探险、水乐园、木乐园等共 42 个非雪季项目，从而成了崇礼非雪季旅游项目最多的滑雪场。

上述先行者在滑雪场四季经营模式上的尝试，囿于对国外经营管理模式的生搬硬套，做不到天时、地利、人和，效果并不理想。所以说，我国滑雪场由单季经营向四季经营转变的路，仍然很长。

二、四季经营主体模式与内容

滑雪场四季经营方式在国外已发展得相对成熟。采用四季经营模式的滑雪场在初期选址上多考虑气候宜人、风景优美、自然资源丰富或者人文环境优越的地方，将这些地方开发建设成冬季滑雪、夏季避暑、春秋观光的旅游度假目的地。

在国外成熟的滑雪度假区，除了一般的观光、避暑、住宿、会议等活动外，度假区一般还会开展登山、攀岩、高尔夫、山地自行车、溜索、徒步、缆车观光、滑翔伞等活动。此外，组织各类音乐节、电影节、美食节等也是度假区常见的四季经营模式。

在一些高海拔地带，度假区还会提供夏季的冰川滑雪项目。以加拿大惠斯勒黑梳山滑雪度假村为例，雪场占地 14.8 平方千米，标高 1530 米，共有超过 100 条雪道，是加拿大雪道最多的滑雪场，也是著名的滑雪乐园。在四季经营模式下，惠斯勒滑雪场摆脱了雪场的季节性经营限制，目前已成为世界闻名的旅游度假胜地。

除了冬季滑雪活动外，惠斯勒滑雪场在夏季组织一系列庆典和户外活动，如湖泊钓鱼、爬山健身、骑单车、打高尔夫以吸引游客，使其夏季的接待人次并不亚于冬季。而韩国滑雪世界则开设了夏季项目水上乐园，该乐园分为室内区、极限运动区、活力区。其中室内区又包括波浪池、流水池、水滑梯、德式温泉 SPA、幼儿水上游乐区。

总体而言，当前国外滑雪场经营的常见非雪季项目有以下几类：

一是山地度假村项目。山地度假村项目完全依托滑雪场的地理优势，可开展登山探险、野外拓展等多种山地活动。从经营实践上来看，主要代表形式有空中树冠探险、滑索及山地自行车公园等。

二是汽车营地项目。汽车营地适合位于交通发达、风景优美之地的滑雪场。常见的经营方式一般是为自驾车爱好者提供自助或半自助服务的休闲度假区。汽车营地一般提供包括住宿、露营、餐饮、娱乐、拓展、汽车保养与维护等在内的服务，参与性较强，满足人们在紧张的工作之余，远离喧嚣、放松身心的需求。目前，这一项目在国内尚属观光旅游向度假旅游过渡的产物。随着汽车自驾游在国内越来越受追捧，汽车营地项目具有较大的市场发展潜力。

三是室内四季项目及配套项目。为了尽可能扩大滑雪场的消费群体，在四季经营转型中，滑雪场考虑到差异性，提供面向特定消费群体的针对性服务，如针对登山、攀岩、室内滑雪等运动爱好者的室内运动场地，面向家庭游乐群体的充气城堡、游泳馆、迪斯科舞厅、商场等配套设施，满足游客的个性化需求。

从形式上来看，国内滑雪场在四季经营转型过程中大多采用度假村经营模式，直接引进或借鉴国外成熟的经营项目，比如：山地车项目、汽车营地、溜索等。

目前，国内滑雪场开拓的非雪季经营项目主要为四种类型：

一是以山地度假村、山地自行车公园、汽车营地、草原天路、高尔夫等为代表的山地项目；二是推崇原乡风情体验区，利用滑雪场自然与人文环境，围绕个人及家庭的休闲娱乐展开度假娱乐活动，活动项目多突出家庭共同参与性；三是针对特定消费人群，如发烧友、艺术家、旅行家等专业化多方位的娱乐休闲项目，如摄影、高山攀岩、滑翔伞等活动；四是会议及企业戴维营的形式，该项目主要为企业提供会议、招待、培训、休闲等服务，突出商务性与休闲性的结合。

与国外采用四季经营模式，成功将滑雪场运营成目的地度假型滑雪场相比，我国的滑雪场市场还处于起步时期，尤其是在四季经营方面。我国的度假型滑雪场由于受资金投入大、运营成本高、营业收入低等影响，滑雪场经营持续亏损。

三、四季经营的国内局限性

"天时、地利、人和"，滑雪场想要突破夏季经营的瓶颈，实现向四季经营模式的转型，必须要结合自身因素，趋利避害，才能避免被市场淘汰，才能走得更远。滑雪场四季经营为滑雪场经营者突破单一经营、盈利难的发展瓶颈提供了一种可能性。从更宏观的角度来看，滑雪场四季经营也确实提供了一种可持续发展模式。总体而言，在推行四季经营模式时，滑雪场经营者需要考虑两大因素：一是内部因素，即投资成本、硬件设施、滑雪场地的地理位置、交通便利程度等；二是外部因素，即整个行业的发展趋势、相关产业的发展情形、区域经济水平、消费水平、政府政策等。

四季经营模式的局限性主要体现在以下几个方面。

（一）四季经营模式成本投入较高，不适用于小型滑雪场

四季经营模式属于娱乐综合体发展模式，对滑雪场软硬件设施、经济投入、统

筹规划方面均要求较高，加之投资回报周期长，对规模较小的滑雪场来说，并非理想选择。而盲目地投入四季经营，缺少整体规划，也只会造成滑雪场转型力不从心的局面。因此，四季经营更适合资金链稳定的大型滑雪场。随着未来滑雪运动普及度的提升、人们消费的多元化，滑雪场四季经营模式的探索将逐渐提高，滑雪场规模逐渐扩大升级，并向集滑雪、住宿、休闲、娱乐为一体的四季度假村转型。待市场进入成熟期后，未来大量的中小型滑雪场会面临淘汰，高质量、大规模的滑雪场将成为主流。而在这场竞争中，中小型滑雪场转型亟待新的模式探索。

（二）滑雪场自然条件对四季经营的限制

一方面，因滑雪场的非雪季经营是与广泛的大众旅游项目进行同质竞争，需要个性化的经营项目；另一方面，滑雪场自身资源条件限制，如滑雪场场地规模小，地形缺乏优势，交通不便，森林、江河湖泊资源匮乏等，使得一些滑雪场无法开展较有吸引力的特色经营项目。同时，滑雪场地理位置大多地处远郊，距离上导致的时间消耗也限制了项目的客流吸引度。

（三）区域经济水平及游客消费习惯对滑雪场四季经营项目的限制

从目前滑雪场四季经营转型经验来看，大型滑雪度假村逐渐面向一些高端消费人群开展一系列夏季项目，但经济水平的差异性，导致此类经营项目在大众消费人群中的接受度较低，一定程度上限制了雪场或度假区的营收提高。

总体而言，滑雪场选择了四季经营模式并不代表其经营转型成功。四季经营模式在本土化过程中，仍需滑雪场结合自身的"天时""地利"以及"人和"因素做出实践尝试。

 **知识链接**

打破限制滑雪场全季运营成新常态

河北张家口市崇礼太舞滑雪场举办山地户外系列活动，吉林万科松花湖滑雪场变身休闲运动乐园，北京怀北国际滑雪场打造夏季露营地……盛夏来临，全国多地滑雪场因地制宜开发新的运营项目，旨在打破传统滑雪场只能冬季运营的限制，尝试向多季、全季运营方向发展。

崇礼多彩山地活动供游客选择

山地自行车速降、UTV 野奢穿越、山地高尔夫……端午小长假，张家口市崇礼太舞滑雪小镇推出多种山地户外活动，吸引了众多来自全国各地的游客。其中，最受游客喜爱的是 UTV 野奢穿越项目，其路线包括部分冬季雪道以及山谷林间，雪道上有天然的地形优势，可以设置一些弯道和沟壑，以路途的多样性，让游客坐在专业的越野车上，感受翻山越岭时的泥土飞溅，极富刺激与挑战性。

图 5-2　崇礼太舞滑雪场亲子项目

"从今年 5 月初，我们就全面启动了夏季旅游季项目。游客不仅可以在小镇内体验缆车观光、露营、射箭、滑步车、草地车等十余种休闲娱乐项目，还可参与定向越野、徒步登山等多种山地休闲活动。户外运动爱好者还可体验山地自行车速降、山地卡丁车等运动。"张家口市崇礼区太舞滑雪小镇相关负责人告诉记者，从 2016 年开始，太舞滑雪小镇就开启了夏季运营，如今小镇以冬季滑雪为核心，结合四季全运营理念，打造专业赛事、文化艺术、高端论坛等多文化的内容，在引流方式上不断创新，将山地户外度假融入现代人的生活。

松花湖变身家庭休闲运动乐园

连日来，吉林松花湖举办的儿童滑步车比赛吸引了众多儿童参与，戴着头盔、护腕、护膝等防护的孩子在波形路面上骑行，尽享户外运动的乐趣。同时举办家庭亲子运动会，在负氧离子充足的山间，全家一起游戏，共同运动，让家长与孩子在山林间享受亲情的温馨与运动的快乐。

"利用初级雪道设计的'彩虹滑道'是孩子们最喜爱的项目。送游客到达滑道入口的传送带就是冬天承载滑雪者上初级雪道顶端的魔毯。"来自长春的陈涛一家在这里度过了一个快乐的端午假期。陈涛告诉记者,每年冬天他都会到这里滑雪,没想到夏季也这么好玩。"'彩虹滑道'让我们在炎热的夏季仍可以感受到从山上飞速而下的速度与激情,驶向山巅的缆车在冬天时让雪友们在高级雪道尽享畅滑乐趣,在夏天则让游客有了另一番体验。"

北京怀北滑雪场打造野外露营地

登山、漂流、游玩溪水、把钩垂钓……进入夏季,清凉的北京怀北滑雪场成了都市人避暑的好去处。

"穿上救生服,坐上皮划艇,不仅会经过狭窄刺激、水流湍急的弯道,还会在宽阔区域相遇打水仗,一个来回下来,凉爽和欢乐尽收。"家住北京西城区的夏先生告诉记者,这里周边有山有水,已经成为北京郊区著名的野外露营地,而山谷里的水上休闲项目也非常多,其中漂流项目最受欢迎。

"冬季宽阔敞亮的雪道到了夏季就成为搭帐篷最合适的地点,怀北不仅可以露营,也是汽车营地。"夏先生说,今年6月18日以后露营地就将正式开放,到时还会带孩子过来玩。

如今,越来越多的滑雪场运营者开始尝试破解"一季养三季"难题,将模式改为四季运营:春观光、夏避暑、秋游景、冬滑雪。相信随着探索的不断深入、成熟,滑雪场四季运营将会成为新常态。

(资料来源:《中国体育报》,2021年6月16日)

第二节　资源导向型转型与市场导向型

纵观国内外经营得不错的四季滑雪场,不外乎两种:一种是"善用自然条件",即资源导向型,也就是利用特有的一些资源去设计经营项目,利用特色吸引潜在客户;另一种则是市场导向型,即以市场需求为导向,设计、开发合适的项目。

一、资源导向型

资源导向型的滑雪场，基本上在选址时就考虑到了后续开发，当地通常气候宜人、风景优美、自然资源丰富或人文环境优越，在这些地方建滑雪场，冬季可滑雪、夏季可避暑、春秋可观光，四时皆宜，全年营收。相关的通用原则说来就是一句话，即"冬天滑雪场，夏天游乐场"。利用山地特色，可开发的项目包括山地自行车、山地摩托车、滑翔伞、登山、攀岩、溜索等，水资源丰富的地方还可以开展漂流、冲浪、泛舟、垂钓等，具备森林资源的地区又可以加上探险、打猎、野营等。

精明且有实力的经营者，通常会尽可能地利用当地自然资源，建设度假小镇型滑雪场，包含吃、住、行、游、购、娱六大要素以及其他商业配套。加拿大首屈一指的全年旅游目的地惠斯勒度假村就是代表，它位于两座雄伟的山脉中间，包括一个度假村、一座滑雪场、四个锦标赛高尔夫球场、世界级购物体验中心、餐厅和酒吧、徒步旅行路线、水疗馆，还有堪称全球最棒的山地自行车公园。作为全球滑雪胜地，其夏季旅游人数反倒远超冬季。

硬件不可缺，软件也不能少。除了利用自然资源打造大型综合度假村，组织一般的观光、避暑、住宿、会议等活动外，还有一个通用原则，那就是组织各类音乐节、电影节和美食节，以及相关运动赛事。美国的阿斯本就是典型代表，从1994年起，雪堆山村就开始举办阿斯本雪堆山爵士音乐节，为公众免费奉上精彩的露天音乐会，从雷鬼乐到古典爵士乐，从摇滚到乡村民谣，应有尽有，美景、美食、美好的音乐，让无数人心驰神往，乐不知返。

若没有山水、森林资源，则可以在农田、矿山、古镇、民俗等方面做文章。日本的二世古滑雪区共三个滑雪场，它们结合形成了北海道最大规模的滑雪场，也是滑雪场经营与农业观光结合的代表。在这里，夏季游客可玩普通四季滑雪场都会有的登山、泛舟、徒步、骑马等运动，享受户外活动，这里还是花与农产品的乐园，花田与农田交错，形成了绝美的景色。除农场外，当地还辟有牧场，供游客品尝有机蔬菜、新鲜的奶制品、地道的肉食，还可以下地劳作，当一回地道的农夫。韩国的High1滑雪场则巧妙地利用了废弃的工业资源，将它们变废为宝。在其匠心运作下，一座废旧的煤场被打造成博物馆，深得游客喜爱。此外，这里也不乏滑道、观光、徒步和高尔夫等传统项目。

二、市场导向型

以市场为导向开发的滑雪场多半不具备太多先天优势,在自然资源上不如资源导向型滑雪场那么优越,但是它们能找准市场感应点与游客心动点,照样把滑雪场经营得有声有色。其通用原则简单说来也是一句话,即"冬天滑雪场,夏天水上乐园"。之所以如此,是因为滑雪和戏水都是季节性很强的项目,旅游有很强的时效性,什么时节玩什么有其规律。相关调研表明,在夏季90%的游客喜欢去体验一些水上项目,游览与水有关的景区。

国外比较有代表性的案例是韩国的大明维瓦尔第公园度假村,它位于韩国江原道,距首尔1小时车程,其特点是能让游客在度假村体验到一年四季的乐趣,冬有滑雪场、夏有水世界、春秋有高尔夫球场,以及各种娱乐休闲设施。

三、最受欢迎的十大非雪季项目

登山、攀岩、探险、热气球、滑翔伞、滑索、蹦极、漂流、冲浪、泛舟、采摘……每个雪场都希望多开发项目,以提高度假区的吸引力和竞争力,但不是每个项目都受游客欢迎,也不是每个项目都能带来不错的收益。重要的是兼顾资源导向与市场导向,以游客偏好度、参与度、企业运营成本、经济效益为依据综合考量。

目前,比较受欢迎的非雪季运动有以下几个。

(一)迷你高尔夫

亲民的价格,贵族的运动,滑雪运动的天然搭档。而且可利用现有雪具厅作为休息区和打位区,门口的坡地当球道,不必大兴土木,充分利用场地且不互相影响,投入少,回报高,运营成本低。

(二)登山

如果说迷你高尔夫价格亲民,登山则根本不需要游客掏钱,滑雪场方面也不需要太多投资,即可达到吸引消费者并长期黏滞的效果,具体操作时可以结合年票、会员等运营策略。若有预算,可设计制作木栈道、石台阶等设施,包装沿路景点;若无预算只需勘探好线路,做好安全防护。

（三）丛林探险

回归自然，回归原始，是都市人尤其是白领小资们的最爱。丛林探险汇集高空、速度、力量、毅力等户外探险所必备的元素，让人感受丛林攀爬与林间穿越的刺激，是亲子活动和户外拓展绝佳的场地，若有天然溪流、湖泊等，更具诱惑力。要点是不破坏自然环境，保持原始生态结构，春夏秋冬皆可运营，同时可与任何项目结合，建设成本可大可小，运营成本、维护成本较低，获利较高。

（四）旱地雪橇

速度与激情的融合，可快可慢，可坐可卧，刺激又舒服，安全有保障。利用山地地形，用钢轨做成滑道，配置几套"雪橇车"即可，建设成本中等，运营成本、维护成本低，获利高。不破坏生态，可四季运营。

（五）越野摩托

对于厌倦堵车的人来说，越野摩托可以让他们彻底释放蓄积的情绪。特点是只需购买车辆，无需修路，四季运营，运营成本较低，回报较高，但要注意引导游客按规定路线行驶，确保安全。

（六）溜索

滑雪能让人体会飞翔的感觉，但终究还在地上。溜索（见图5-3）则让人直接成为空中飞人，而且很安全。可跨越草地、湖泊、河流、山谷、森林，借助高差从高处以较快的速度向下滑行，使游客在有惊无险的快乐中感受刺激和满足，可四季运营，运营成本低，投入少、回报高、见效快，节能环保。

图5-3　溜索

（七）垂钓

修身养性，休养生息，使人从纷繁俗事中脱身而出，抛开杂念，享受山野江湖的淡然，与滑雪运动构成鲜明对比，使人静若处子，动如脱兔。若有天然湖泊，可配合开发水上乐园，若无则可利用雪场的蓄水池改造，运营成本很低，投入少、回报高，很受欢迎。

（八）水上乐园

水是生命之源，人对水的眷恋从始至终，男女老少都喜欢。缺点是投入大、运营成本也高，但回报同样可观，是最赚眼球的项目。若有天然水源，并且水源干净，水量也丰富，会更受游客青睐，具体打造时可考虑修建栈桥、人造沙滩及小瀑布等，要点是必须配备安全员，以免游客溺水。

（九）采摘

这是所有滑雪场都可以搞的项目，无论南北，不分季节。夏秋季节有条件者可搞原始采摘，无条件者可搞田园采摘，冬春季节可以搞温室反季节采摘，同时配合体验活动，让游客品尝自己的劳动所得，也是科普、亲子教育的好方式。农产品可供给餐厅，可自用、可出售，运营成本较高，但回报较高，而且受众广泛。

（十）户外烧烤

民以食为天，烧烤则是人类最早应用的烹调方式，仅提供烧烤炉、木炭、调料、半成品肉串，就能吸引绝大部分游客，投入小，成本低，回报丰厚，同时也是滑雪场配套服务的有力组成部分。要点是提供放心的食材与预防火灾，如果能利用山地资源，放养牛羊，更有卖点。

 知识链接

崇礼非雪季游："一季游"向"四季游"的巨大转变

随着新雪季的来临，河北省各大滑雪场又陆续忙碌起来。其实上个雪季结束后，他们大多数并没有闲着，而是在积极开发非雪季旅游市场。以张家口市崇礼区为例，为改变夏秋半年闲的状况，各大滑雪场都进行了积极探索。然而，滑雪场由雪季火

向四季火转变的路，仍然很长。

据了解，崇礼滑雪场的雪季经营，一般从 11 月初持续到次年 4 月底。其余时间"半年闲"，不但不挣钱，设施设备的维护、经营管理团队的维持，还要增加一些成本。所以，越来越多的滑雪场认识到，与其非雪季撂荒，不如盘活闲置的资源，向全季节、多业态、可持续经营发展。

崇礼太舞滑雪小镇营销经理王建东表示，太舞的非雪季运营探索始于 2016 年。当年，他们依山就势设置了徒步巡游、全地形越野车巡游、定向越野、山地高尔夫训练、飞碟射击、露营等 28 个非雪季运营项目。2017 年，又新增了骑马、射箭、空中探险、水乐园、木乐园等 14 个项目，从而使太舞成为崇礼非雪季旅游项目最多的滑雪场之一。

为聚集人气，崇礼各大滑雪场还纷纷尝试赛事带动——太舞滑雪小镇举办大众赛车活动金卡纳锥筒挑战赛，密苑云顶乐园举办 2017 越山向海人车接力中国赛，多乐美地滑雪场举办 2017GDR 山地车速降赛……

随着各项工作的进展，非雪季崇礼各大滑雪场游客日渐增多，但与雪季相比还有不小距离。

当然，这并不等于只能坐等水到渠成。有关人士指出，滑雪场非雪季旅游必须尽快打响知名度，改变"养在深闺人未识"的局面。

"旅游经济就是注意力经济。崇礼滑雪场的非雪季游要想进一步增强在市场的吸引力、竞争力，就要多扛回几块'牌子'。"张家口市旅游发展委员会副调研员翟玉峰说。

据了解，目前，崇礼滑雪场中只有一家国家 AAAA 级旅游景区。名头不响，竞争力就不强。张家口正积极努力，指导密苑云顶乐园等雪场申评 AAAAA 级景区，指导崇礼申评"国际滑雪旅游目的地"。

"一个'张北草原音乐节'，就带火了张北草原游。崇礼滑雪场的非雪季游，缺的就是这样时尚的、接地气、有影响的品牌活动。"一位专家谈道。

"现在崇礼滑雪场远近闻名了，但崇礼滑雪场非雪季游的优势没有多少人知道。所以必须加强宣传推介，要不然许多人恐怕还以为崇礼只适合冬季滑雪呢！"密苑云顶乐园经理任万新急切地说。

目前，崇礼一些滑雪场对外宣传推介几乎使出了浑身解数。但很显然，仅靠单打独斗、各自为战，很难形成拳头。

"加强崇礼非雪季游的市场营销，既需要滑雪场唱主角，又需要政府部门的扶持，并加强整体包装策划，以形成政府企业联手作战、线上线下共同发力的良好局面。"翟玉峰说。

据介绍，张家口市旅游发展委员会联合相关部门，在北京市二环以内的100个社区进行了崇礼四季旅游广告投放，并面向张家口所有通航城市进行了旅游宣传。

许多人相信，京张高铁建成通车后，崇礼滑雪场非雪季游将迎来跨越。

（资料来源：中国冰雪官方号，2017年11月10日，有删改）

第三节 室内滑雪场运营管理

一、室内滑雪场概述

室内滑雪场又称室内滑雪馆，是通过人工手段，保持一定温度进行造雪、存雪以满足大众雪上活动的场地，同时也是一种大型的休闲娱乐性综合体育设施。室内滑雪场主体包括外围护栏结构、室内斜坡道、牵引设备、制冷空调系统设备、造雪系统设备、滑雪用具、雪道修整设备以及雪上运动设备等。其中制冷造雪系统是整个室内滑雪场得以实现的关键部分。

室内滑雪场的起源可以追溯到20世纪20年代的柏林和维也纳，而我国的室内滑雪场的发展起步较晚。它的出现是对室外滑雪场的补充和延续，也是滑雪场四季运营发展的一种必然趋势，为滑雪运动的推广与发展提供了重要驱动力。

与天然滑雪场相比，室内滑雪场不受自然资源、气候条件等因素限制，一年四季均可开放使用，可以集运动、休闲于一身，非常适合城市人周末娱乐或朋友聚会，以及举办各种商业活动。在冬奥会的影响下，我国掀起了滑雪热潮。滑雪场的数量急剧增长，极大地促进了滑雪运动的推广与发展。《中国滑雪产业白皮书（2022—2023）》显示，目前我国有50家室内雪场，每年稳定创造300万以上的体验人群。南方一些城市的增速尤为明显，如浙江省的雪场数量已达到23家，已经成为我国重要的滑雪客源地之一。

从细分领域看，室内雪场的增幅已超过传统室外雪场。2013—2014 年雪季，国内仅有 5 家室内雪场，到 2022—2023 年雪季，国内室内滑雪场达到 50 家，其中有 8 家是新建并投入运营的，而在同一时间段内，仅有 5 家室外滑雪场开业。

二、室内滑雪场空间布局

（一）交通空间

交通空间在整个室内滑雪场中起着链接各个功能空间的作用，是各功能间的公共部分，同样是典型的公共型空间。这类空间在建筑中主要功能为交通集散，而此功能在整个建筑中通常会被绝大多数人所共有，大部分进入此建筑的人员都会借助此功能进入其他功能空间。

室内滑雪场中设置的过渡型空间主要组成部分为门厅、过厅等，在整个建筑中所发挥的作用为连接空间或功能区域，属于过渡型空间类型。它有效将室内空间同外部环境整合为一体，人流可以通过门厅中分流到多个功能空间中，使得室内人员保持较大流动性。由于室内滑雪场综合化设计中功能多样、复杂，门厅或者过厅往往不止一个或两个，需依据人员流动量来设置门厅空间。门厅同其他功能空间应该保持较为密切的联系，按照它们所服务的具体功能类型，门厅主要分成两类：一类是服务于小众的门厅；另一类是服务于大众的门厅。

室内滑雪场中主要门厅绝大多数为服务于大众的门厅，它们为内外部人员所共用，门厅一般会设置在建筑核心点上，通常是建筑的几何中心上，连接各个分区内的功能空间，辐射整个建筑空间。服务于小众的功能空间主要是为那些特定人员设置的，可达性上应该既要同主要门厅保持联系，又要保持独立性。空间位置要具有一定隐蔽性，尽可能不与主要门厅中的人流出现交叉。

室内滑雪场平面功能的布置还通过走廊、连廊等横向交通连接，组成室内滑雪场的横向交通体系，从而保证功能区间保持较为可靠的可达性。室内滑雪场通过楼梯、电梯、扶梯等竖向连接空间来连接。这类空间在室内滑雪场中是唯一的连接多楼层的手段，它需要结合门厅布置。

（二）滑雪运动空间

滑雪运动空间是室内滑雪场综合化中最为重要的空间，由于其功能使用程度较高，形成较大的集散人流，因此在设计中应充分考虑功能空间人流较大的特点，一般滑雪空间设置独立的出入口，将人流同其他功能人流分散处理，使整个建筑不同功能部分的人流不产生交叉。但又要注重此部分与其他功能部分的联系。整个区域的功能互相服务。商业部分为冰雪运动空间的人群提供商品服务，商务酒店部分为冰雪体育运动空间的人群提供住宿服务。由于雪上运动空间大跨度的要求，故将其顶层布置，通过下层空间错位叠加形成递进式坡面布置雪道，冰雪体育运动功能部分除雪上和冰上运动空间外，还需在此部分设置单独的更衣室、休息区。更衣室与休息区可与冰雪体育运动空间入口同一标高层布置，也可布置在冰雪体育运动空间入口下一层或上一层。

（三）商业功能空间

商业功能是室内滑雪场中使用强度较高，人流、物流产生量较大的功能空间，仅次于滑雪体育运动功能空间。同时，商业功能是室内滑雪场中公共性和开发性较强的部分，它面对的和服务的人群广泛，对滑雪场外部的人也是开放的。商业功能部分人流较大、持续性较强，商业功能的布置可借鉴成功的商业综合体案例。

商业功能部分动线复杂，需要上下保持贯通，要优化人员流动路线，让人流经过商店而不需要将距离拉得过长，以此来降低购物者疲劳度，使其在购物时保持较大体力，将某些商品最长时间内展现给最多的消费者，而这将会作用到商业经济效益。

动线设计共计四种：车流动线、垂直动线、人流动线、水平动线。通常情况下，优秀商业动线共有三个条件：第一，提升商铺可见性。在整个商业功能动线设计中，可见性对于商铺发展极为重要。第二，提升商铺可达性。可见性同可达性之间存在关系，实现可达性的基础便是可见性，只有让商铺可见，才能够达成可达性要求。所以，设计时首先应该保证可见，最少道路转换基础上实现最高可达性。第三，明显记忆点。如果消费者进入商业建筑后无法快速定位自身位置，那么便会产生迷失感。设计时最常见的做法便是强化动线系统层次感，设置极其简洁明了的指引路线，让消费者更具位置感。

（四）商务会议与酒店住宿功能

在室内滑雪场功能综合化设计中，商务会议与酒店住宿功能部分是在整个综合化设计中所占面积较大的一部分。根据冰雪体育建筑的规模来确定此部分功能所占的面积比例。客房区域占整个公共区域内比重为25%，交通比重为45%。在综合化设计中首先确定此部分功能必要的公共区域，其他部分适当与整个建筑的服务设施结合。

在功能分布上，以横向分区为分析对象，功能设置应该集中分布，这样是为了更好地理清前后、动静、公私关系。以竖向分区为例，后勤和公共两个区域需要设置在接地层及地下层（若有），由于具有较高的隐私度，所以应该布置到商业功能2层及以上，设置极其简洁明了的指引路线，让消费者更具位置感。

三、室内滑雪场模式

我国的室内滑雪场馆根据自身目标市场定位和业务范围的差异探索出四种不同的运营模式。

一是"校企合作"模式。在该模式下室内模拟滑雪场馆通过与学校开展广泛的合作从而实现场地、人才、培训课程研发、技术成果转化、就业渠道搭建等方面的资源共享，构建产学研一体化平台。

二是"滑雪俱乐部"模式。室内模拟滑雪场馆采用健身俱乐部式的运营方式，通过出售次卡、课时套餐、不限次年卡等套餐产品来盈利，并以连锁经营方式实现在不同城市区域间的扩张，构建俱乐部会员网络，增加顾客黏性。

三是"旅游度假区"模式。一般是在城市近郊区域的大型文旅配套项目，以滑雪及娱雪人群为目标顾客，通过提供休闲度假、大众及竞技滑雪培训、娱雪体验、雪具租售、举办滑雪赛事等业务多渠道获取收益。

四是"商业综合体"模式。通常是作为城市商业综合体中的配套部分与周围繁华的商圈和娱乐设施形成商业群组，来提升该区域的客流聚合力和消费力，增加整体商业项目的经济价值，形成冰雪—商业—文旅—住宅一体化的商业联动效应。

四、室内滑雪场发展面临的挑战

室内滑雪场馆作为一种新兴的投资项目，在运营发展过程中面临着许多现实挑战，值得我们关注。

第一，场馆的运营成本偏高，室内滑雪场尤其是大型场馆往往需要承受较高的建设投资成本和运营成本压力。

第二，互联网资源开发不足，在线上销售方面显然还欠缺商业洞察力，很少与体育运动垂直领域的服务平台合作，其自建的官方网站和微信公众号的信息更新存在严重滞后等问题。

第三，室内滑雪场馆与室外真雪滑行相比存在一定的差距，实际体验感趣味性不强，不利于实现向经常性滑雪人群的转化。

第四，专业人才匮乏，管理和服务方面的人才急缺，业务水平和服务能力明显不足，滑雪教练缺乏统一的培训、考核和认证体系。

五、室内滑雪场发展战略

我国室内滑雪场馆需要积极推行可持续发展的策略。

（一）制定灵活滑雪价格策略和促销策略

当前，滑雪者对于参与室内滑雪在价格因素上是非常敏感的。雪场应该紧紧把握消费者这一明显的消费特征，部署十分具有弹性的价格战略。采用差别定价策略，根据不同收入人群和不同滑雪需求的群众，收取不同费用、提供不同时长的滑雪服务。比如可以提供两小时滑雪套餐，降低滑雪收取费用，惠及广大初级滑雪参与者，提高雪场滑雪的性价比。

在促销层面，不但可以设置会员优惠、工作日优惠等多种分销模式分散滑雪者集中的滑雪需求，还可以向消费者提供团购优惠，如向购买一定数量滑雪门票的滑雪者予以折扣优惠，真正让利于广大消费者，在提高消费者消费忠诚度的同时吸收潜在消费者前往消费体验。同时，开辟多种购票渠道，线上线下齐发力，刺激消费者购买欲望，提高消费者购买门票的便利性。

（二）创新滑雪产品战略

室内滑雪场在生产经营过程中应该重视市场需求变化，制定符合市场营销规律的企业战略。雪场应当制定针对性更加强的细分营销规划，针对不同年龄层、不同收入阶层提供差异化和极具特色的滑雪产品和精准服务。滑雪者真正想要在雪场购买的核心利益首先是滑雪乐趣和滑雪技术，其次是购买雪场的服务和产品，具体如滑雪馆所提供的雪道、雪板等滑雪设施和滑雪教练员教授的滑雪技术等。

对于目前群众滑雪诉求大的服务和产品，雪场要不断从供给侧大力提供优质产品和服务以满足市场需求，应该下大力气修整雪道、提高雪质、更新雪具、检修"魔毯"输送装置、提升滑雪教练员授课能力等；对于需求小的产品和服务，企业应该考虑更新迭代产品或者提高服务水平，持续投入资金进行宣传推广来挖掘市场潜力。

随着5G和大数据时代的到来，体育智能化日益受到运动爱好者的青睐。室内滑雪场更应与时俱进，尝试建立滑雪者大数据库，提高滑雪智能化，研发或提供滑雪智能佩戴设备，记录滑雪者滑雪时心律、卡路里消耗等个人滑雪运动信息，才更有助于滑雪者调整滑雪状态、纠正滑雪动作、预防滑雪运动损伤，提高滑雪过程的乐趣和科技感。

（三）加强滑雪运动宣传

一方面是借助自媒体。随着我国互联网的不断普及和移动互联网的发展逐步成熟，移动端的用户不断增加，群众对于快捷、简单、趣味性的需求也日益增加，从碎片化阅读到短视频观看，我国自媒体迅速壮大。室内滑雪场在线上可以以各种自媒体平台为新时期宣传的主要抓手，利用自媒体特有的个性化、碎片化、交互性、传播性和群体性的推广优势，持续向广大群众输送高质量关于滑雪文化、滑雪知识、滑雪运动讲解的原创视频内容，提高群众对滑雪运动的认知度，扩大企业品牌影响力，提升社会知名度。

另一方面是借助传统媒体。可通过与传统传媒公司合作，线下向当地滑雪运动消费市场投放大量宣传滑雪等冰雪项目特点、乐趣等的营销软文，利用各种信息传播手段刺激消费者的滑雪欲望，给当地潜在滑雪消费者提供充足的滑雪信息获取方式，便于消费者了解和熟知。通过政府对冰雪运动广泛宣传和冰雪企业对冰雪运动具体项目深度宣传相结合，为企业创造一个良好的外部消费环境。

（四）创新人才培养模式

构建一个由政府、滑雪学院、室内和室外滑雪场馆组成的人才培育网络。政府要加快对我国滑雪教练的认证机制设计与论证；滑雪场馆要与滑雪学院和各大高校的体育专业建立"校企联合"培养机制，搭建产学研一体化平台；招募和选拔具有良好滑雪技能和基础的滑雪爱好者组建专业滑雪俱乐部，通过培训和赛事进一步提升其技能，从而转化为场馆的后备人才；根据室内滑雪自身的技术特点和资源条件，在技能培训课程体系设计上积极展开创新。

（五）提高雪场安全经营管理水平

随着参与大众滑雪的群众越来越多，滑雪运动安全变得尤为重要，所以能够提供良好滑雪安全保障服务的雪场理所当然受到更多滑雪爱好者的热捧。滑雪场从经营与服务角度应当把安全保障贯彻在滑雪场运营过程的始终。

首先，企业应该优化整合现有的雪场资源，引进先进造雪设备（如造雪车）和温度调控装置，提升雪质和雪道质量，及时更换和保养滑雪场对游客出租的滑雪辅助用具（如滑雪装、滑雪靴、雪板等），确保滑雪场可以为游客提供最优质最安全的滑雪硬件设施。

其次，在软件设施和制度建设方面，滑雪场应该按照国家相关滑雪运动规定和滑雪行业要求，根据滑雪场面积和可接纳人数配备标准数量的滑雪运动安全员，提高安全巡查员巡查能力，张贴各种安全警示，完善滑雪场自身安全运营机制，提升应急事故处理水平。此外，滑雪场应该建立一支滑雪技能突出、沟通和授课能力强的滑雪教练员队伍，适时对教练员进行考察和培训，不断提高滑雪教练员的综合素质。

知识链接

全球最大室内滑雪场预计 2025 年在深圳开业

面积 10 万平方米，滑道垂直落差最高 83 米，单道最长 440 米……在深圳国际会展中心旁，全球最大室内滑雪场——华发冰雪中心正在建设中，预计 2025 年投入使用，项目总投资超 296 亿元。

2023 年 7 月 11 日，华发冰雪中心设计优化暨工程节点发布会介绍了该项目的最新情况。华发冰雪中心位于深圳前海湾中心地带，北邻 AAAA 级景区海上田园，南接深圳国际会展中心，西侧为规划中的海洋新城。

"以冰雪主题为核心特色，我们期望打造一个高效复合型文化旅游综合体，成为国际先锋地标和湾区文旅中心。"华发股份设计中心兼深圳公司副总经理胡齐介绍，将通过全球顶级室内雪场、冰雪主题高端酒店、冰雪沉浸主题商业、年轻都市文娱商街等产品组合，打造深圳城市文旅新引擎。

据介绍，作为全球规模最大的室内滑雪场，华发冰雪中心将拥有可承办国际赛事的专业滑道，吸引高水平选手同台竞技。其上行设备将采用双索道系统，使用世界最先进脱挂式包锁缆车，最高运力可达到 2400 人次/时，整体运力为其他室内滑雪场 2—3 倍，有效减少排队时间。

此外，华发冰雪中心将配备第六代"室内分布式造雪系统"，以更低能耗、更强稳定性，打造出可媲美天然雪质、达到国际专业赛事标准的顶级雪质。

"项目对标上海迪士尼、北京环球影城，由国际知名设计事务所 10DESIGN 进行设计，整体建筑如流线优美的蓝鲸从深海展翅跃起，象征积极向上的深圳城市精神。"华发股份深圳公司副总经理黄远超说，"华发冰雪中心将为市民朋友带来冰雪的盛大嘉年华，更为深圳乃至大湾区举办世界级一流国际赛事提供机遇。"

截至目前，华发冰雪中心已完成土建施工图设计，现场已开展桩基工程，预计于 2025 年底全面开业。

发布会上，中建三局第一建设（深圳）有限公司党委副书记、执行总经理阮珊承诺，"将充分发挥全产业链资源优势，深度应用智慧建造、一体化施工等优势技术，确保将项目建设成"鲁班奖"工程，助力打造深圳独有的世界级旅游新名片。"

（资料来源：人民网，2023 年 7 月 11 日）

第六章

滑雪场运营与管理个案分析

 **学习目标**

1. 了解天定山滑雪场的发展现状和管理战略；

2. 了解亚布力滑雪场的发展困境和高质量发展的实施路径；

3. 了解太子岭滑雪场的劣势和运营管理方面的战略保障。

第一节　天定山滑雪场的运营与管理

一、天定山滑雪场基本概况

（一）雪场简介

长春天定山滑雪场是由吉林省建设集团有限公司打造的大型滑雪运动项目，总投资20亿元人民币，于2019年11月20日正式投入运营。雪场地理位置优越，位于长春莲花山生态旅游度假区核心区域，距长春主城区和龙嘉机场均为15分钟车程，处于长春半小时经济圈范围内，区位优势明显。

项目总占地面积80万平方米，建有使用面积2万平方米国际标准的滑雪服务中心，中心设有雪具租赁区、餐饮服务区、娱乐休闲区等功能区域，可为滑雪爱好者提供多功能全方位服务。共16条优质雪道，总长约7千米，配套近400米长的魔毯

2 条以及 1600 米长的高空索道缆车 2 条，可满足广大滑雪爱好者不同层次的游玩需求，最多可承载 5000 人同时体验游玩，同时配备了 3500 套进口雪具、2000 套雪盔等设备，配套服务设施一流，是长春市雪道最多、规模最大的滑雪场。

图 6-1　天定山滑雪场

（二）经营范围

天定山滑雪场经营范围大致可分为四大板块：一是围绕滑雪场等体育场所的硬件设施的管理与服务，保障滑雪场硬件设施正常运转；二是围绕滑雪运动开展票务代理、旅游咨询、滑雪设备租赁及销售、滑雪运动教学等服务；三是依托雪具大厅及周边商业地块为游客提供服装鞋帽、日用百货、餐饮、住宿等服务；四是依托场馆用地组织文化艺术交流、品牌推广、体育赛事举办、节事活动策划等内容。

（三）组织框架

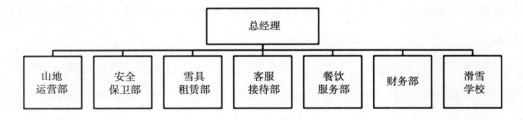

图 6-2　天定山滑雪场雪季运营管理团队组织结构图

天定山滑雪场按照雪季与非雪季分为两组运营管理团队，其中雪季运营管理团队采用扁平式管理模式，共设置 7 个部门，分别为山地运营部、安全保卫部、雪具租赁部、客服接待部、餐饮服务部、财务部和滑雪学校，各部门负责人向总经理直接汇报工作。非雪季运营管理团队于 2022 年 5 月开始介入运营管理，团队共 20 人，尚未进行明确的部门职责划分，处于探索经营阶段。

二、天定山滑雪场发展现状

（一）发展现状

天定山滑雪场为响应三亿人参与冰雪运动的号召，将雪场定位和打造为以体验式滑雪为主的特色雪场。依托其距离主城区较近的地理区位优势，吸引了大批滑雪爱好者。天定山滑雪场分别开设日场与夜场两个运营时间段来满足广大滑雪爱好者的滑雪愿望。可提供滑雪运动、冰雪娱乐、科教研学、特色餐饮、购物休闲等多种功能，让广大滑雪爱好者充分享受冰雪运动带来的快感。

为满足游客的多元需求，滑雪场服务中心不仅设有雪具租赁区，还有餐饮服务区以及娱乐休闲区等功能区域，为游客提供滑雪服务、餐饮休闲、滑雪装备销售等一站式的综合性服务。同时设有专业滑雪学校和专业的教练团队，应用 STEM + A 教育理念，设计了专业的适合不同年龄段的滑雪课程，让更广大的学生群体体验冰雪运动的魅力。

为提高滑雪场人气，针对不同目标客群举办特色冰雪节等活动。11 月初，针对吉林省大学生举办滑雪特惠活动，即天定山滑雪场大学生运动节；11 月 25 日—28 日，举办雪季首滑仪式，正式开启滑雪季；12 月，举办吉林省中小学生冬令营，即天定山滑雪场百万儿童冰雪活动；12 月 25 日—27 日，举办吉林省大学生越野滑雪锦标赛；次年 1 月 4 日—6 日，举办教育部大学生体育协会中国大学生越野滑雪锦标赛。

对于大型滑雪场而言，传统的"一季养三季"的运营模式已不可持续，全季节运营已经是大势所趋。天定山滑雪场于 2022 年夏季开始积极引入 SOMEWHERE 户外露营品牌，实行联营联建的运营模式，推出新型露营生活方式，为广大露营爱好者提供各式各样的户外休闲活动，同时还积极通过企业团建、会议接待、举办夏令营等方式增加运营收入。滑雪场的非雪季经营是实现全季节无缝运营的最大困难，只有克服了非雪季经营的困难，才能实现滑雪场可持续发展。

（二）存在问题

通过在不同季节多次对天定山滑雪场进行实地调研，以及与滑雪场各部门相关领导与员工的访谈沟通，初步认为滑雪场当前主要在创新研发能力、管理服务、品牌特色、营销体系四方面存在问题。

1. 产品创新研发能力不足

雪季旅游产品开发方面，从雪场收入结构来看，天定山滑雪场全部营收中门票、雪具租赁及滑雪教学收入占比超过80%，比重过大，营收模式单一，仅停留在传统滑雪运动体验上，其他营收多为简餐、超市零售、门店租赁等初级商业业态所得，缺乏品牌酒店、轻奢餐饮、冰雪潮流购物、温泉休闲、会展等边际效益较高的商业业态，而这些都是滑雪产业的重要利润来源。

非雪季旅游产品开发方面，雪场在2020年和2021年非雪季期间均处于场地闲置状态，2022年才开始非雪季的产品开发，为消费者提供草坪天幕、半山多功能野营地、休闲车营地等露营产品，产品丰富度明显不足，特别是随着滑雪、露营从小众体验活动逐渐成为人们的一种生活方式后，消费者已经不再满足于简单的滑雪运动及露营体验，对山地运动、文化艺术、健康养生、轻奢餐饮等旅游产品的需求日趋扩大。

2. 管理效能及服务水平不高

在管理效能方面，高峰客流考验滑雪场管理服务效能。目前，天定山滑雪场在雪季节假日上午和夜场优惠活动时间段会出现高峰客流，节假日上午一般会在2—3小时内较为集中地涌入3000多名游客，且大部分游客为初学者，夜场优惠活动时间段会在1小时内集中迎来1000名左右的游客，经常会在购票窗口、雪具租赁、缆车等候区域出现排起长队现象，有时在购票及雪具租赁环节就需要1个小时左右的办理时间，夜场高峰期间仅开通一条缆车，夜场3小时仅仅能滑3—4次，大部分时间都浪费在排队上。购票环节慢、雪具租赁服务效率低、缆车等待时间长等问题已经严重影响了消费者的滑雪体验。

在服务水平方面，一是工作人员素质和文化水平普遍不高，服务态度不尽如人意，缺乏统一标准化的服务培训，"微笑服务、顾客至上"的服务理念有待普及加强；二是滑雪场教练员专业领域的理论知识及实践能力参差不齐，缺乏统一素质培训，指导初学者时往往会出现讲授不清晰、动作不规范等情况，一对一滑雪教学费用较高，不利于滑雪运动普及与发展；三是智慧管理系统尚未建立，没有充分利用大数据系统进行数据收集和分析，导致新老客户出现交叉与干扰，无法提供科学合理高效的品质服务。

3. 缺少独具特色的品牌形象

天定山滑雪场经营者的品牌意识比较淡薄，缺乏对滑雪场品牌的培育，只注重滑雪功能性的打造，却忽视了对滑雪服务水平的改善，对品牌带来的盈利效应认识不足。与区域周边如莲花山滑雪场、庙香山滑雪场相比，各大滑雪场娱乐项目及景观千篇一律，开始出现同质化竞争，天定山滑雪场尚未开发出独具自身特色的品牌形象。

随着滑雪产业的不断发展壮大，滑雪场高度集聚化的效应不断加强，消费者对具有主题特色的品牌滑雪场的需求日益增长，促使滑雪场逐步由规模竞争转向品牌竞争，我国滑雪场也将由"硬实力竞争"时代转入"品牌软实力竞争"的新时代。未来天定山滑雪场只有加速实施品牌战略规划，积极探索打造品牌持久的竞争优势，树立品牌形象，才能不断提升自身核心竞争力，增强滑雪场与滑雪爱好者的消费黏性。

4. 营销体系有待完善

在营销团队组建方面，天定山滑雪场按照雪季与非雪季分成两组营销团队，各自为营，分别按照自身的宣传需求进行各自的营销渠道搭建，缺少综合持久、思路统一的品牌宣传规划，造成了营销资源的浪费，也不利于天定山度假品牌形象的打造。

在营销渠道方面，过度依赖抖音、视频号、小红书等新媒体营销渠道，区域周边的庙香山滑雪场、万科松花湖滑雪场及北大湖滑雪场均有自己的官方网站，天定山滑雪场至今尚未建立自己的门户网站；传统媒体渠道宣传力度有待加强，雪季期间仅仅依靠吉林省向全国推介冰雪旅游的宣传优势，获得了一定的营销热度，但在非雪季期间几乎完全忽视了电台、电视、报纸杂志、广告牌等传统营销渠道的广告投放，就目前市场而言，传统营销渠道仍然具有较为广泛的受众群体，对于品牌形象的构建具有不可替代的作用。

在营销内容方面，存在微信公众号新闻推送更新不及时、活动内容不丰富、编辑排版创新性不足等问题，无法让消费者第一时间收到雪场活动信息。雪季营销公众号《天定山滑雪场》自 2020 年 5 月开始便不再推送任何内容，公众号运营仅仅持续了 1 个雪季便停止更新，造成了营销资源的浪费；非雪季营销公众号《hygge 天定山小镇》自 2022 年 5 月开始启用，内容多为活动前期概念图片，缺少实景呈现，无法起到吸引消费者的作用。

三、天定山滑雪场运营管理战略

（一）加强顶层战略设计

坚持生态优先，合理利用资源，严格规范滑雪场项目的开发建设，对山地开展滑雪、露营、骑行等活动实施合理化管控，最大限度降低项目开发对生态环境的影响，时刻践行"两山"理论，永远站在人与自然和谐共生的高度谋划发展，不断推进滑雪场转型升级，守住滑雪场发展的底线，实现可持续发展。

加强国际合作交流，借鉴发达国家滑雪度假区的发展经验，引进国际先进的现代化设计理念，接轨国际，提高顶层规划设计水平，科学规划布局，推动滑雪产业链成熟化、多元化、高端化发展，为打造滑雪度假小镇奠定坚实基础。

在建设运营方面，秉承北京"绿色冬奥"的理念，充分考虑场地高差、温度、湿度、用水等多方面因素，采用绿色清洁能源来保障雪场运转，同时采用更先进的低碳循环系统，最大程度实现节能减排的目标，让绿色低碳点亮"白色"未来。

（二）构建产业融合体系

顺势冰雪运动热潮，以"冰雪+"为核心开发思路，以滑雪场为平台载体，整合资源，推动冰雪与旅游、文化、教育、医疗、商贸、会展、康养、体育、科技、金融等跨界融合、产业协同发展，促进产业互利共荣、区域联动发展，以新冰雪撬动新基建、新环境、新生活、新消费，营造雪友俱乐部、定制化消费体验等新潮消费场景，通过融合发展达到功能重组与价值创新，激发冰雪经济内生动力，延伸冰雪产业价值链，增强产业创新能力，大力构建以"冰雪运动+露营度假"双轮驱动产业融合体系，实现天定山滑雪场从雪季到全季、从单一到多样、从小众运动到大众时尚生活方式的转型升级。

（三）探索全季运营模式

充分依托自身地理区位和资源禀赋优势，进行全季节产品梯度开发，突破季节局限，实现全年运营。在雪季运营期间，不断更新、提升滑雪基础设施和雪具设备，给滑雪爱好者良好的运动体验；不断丰富冰雪产品种类，开发单板公园、雪上飞碟、彩色雪道等项目，增加冰雪运动趣味、潮流属性；充分挖掘地方特色文化，不断完善滑雪度假配套服务，结合地方特色，提供特色美食、星级酒店、温泉水疗等体验项目；举办滑雪公开赛、技巧挑战赛等品牌赛事，吸引运动品牌赞助，提高冰雪运动热度。

非雪季运营期间，丰富山地运动及户外体验产品，开发更符合当前消费者多元化消费需求的特色体验项目，如露营度假、森林康养、滑板、飞盘等，填补非雪季的营收空白，最大限度地保证了运营时长，缩短空窗期。构建以滑雪运动和露营度假为核心产品、其他相关配套产品为补充的全季节产品开发体系，有效破解、改善雪场"一季养三季"的经营困境，实现全季节多元发展。

表6-1　天定山滑雪场全季产品开发计划表

时间\产品	雪季（11月—次年3月）	非雪季（4月—10月）
核心产品	滑雪运动	露营度假
配套产品	雪屋民宿、星级酒店、温泉水疗、冰雪风情商街、马卡龙彩色雪道、戏雪乐园、单板公园、雪上飞碟、滑雪教学、冬令营等	森林康养、亲子教育、山地骑行、滑板公园、创意集市、草地飞盘、户外拓展、马术训练、绘画写生、水上运动、滨水垂钓、徒步穿越、山地越野车、射箭、高空溜索、淘气堡、萌宠乐园、森林滑道车等
赛事节庆	冰雪文化节 大学生滑雪节 越野滑雪公开赛 单板技巧挑战赛 潮流滑雪摄影节	露营文化节 森林音乐节 篝火晚会 亲子嘉年华

（四）提升管理服务效能

在大数据时代背景下，以数字经济为导向，特别是后疫情时代，对线上场景和非接触式消费需求的增加，使得滑雪场运营管理与人工智能、云计算等技术结合更为紧密，加快了滑雪场数字化转型升级。

一是多方面提升智慧管理，将大数据、云计算、物联网、区块链、人工智能、5G、AI 人脸识别等科技全面应用于滑雪场的智慧票务系统、大数据分析系统、营销推广系统、计费租赁系统等。例如，利用大数据分析滑雪爱好者消费偏好及需求，从而不断提高滑雪场运营管理效率，提供更加精准的产品和服务；将人工智能、5G 等技术应用于滑雪装备和设施中，即时显示运动时长、滑行距离、能量消耗情况等数据，提升滑雪爱好者的用户体验。

二是优化信息化服务管理，包括雪场人流信息、雪道信息、交通信息、雪具信息、教学信息等。通过建立线上大数据信息服务平台，为消费者提供精准便捷的信息服务，并利用线上服务提供便捷的雪卡兑换、雪具租赁、滑雪用品售卖等服务。只有构建科学高效的运营管理系统，提高运营管理效率，才能真正从人力、物力实现资源配比的最大化，实现滑雪场的智能化管理。

（五）打造特色度假品牌

品牌效应对滑雪场可持续发展具有较强的推动作用，积极打造天定山度假小镇品牌，将有效提高区域市场竞争力。第一，深度挖掘与传承地域传统文化资源，将滑雪场景观氛围融入汽车、电影、东北民俗艺术等地域文化元素，形成独具地方特色的标识符号。第二，承办与引入精品体育赛事，积极承办省、市冰雪体育赛事，如吉林省滑雪技巧挑战赛、大学生滑雪节等；同时，加强与欧美、日韩等国家的对外合作交流，引入国际品牌活动和国际赛事，通过举办品牌体育赛事提升市场热度，逐步提高自身品牌知名度。第三，积极举办冰雪高峰论坛、文化艺术会展演出等活动，培育商务休闲产业，拓展会议会展经济，不断提升区域品牌影响力。第四，注重品牌宣传的延续性，实施全季节品牌一体化战略，突出冬日滑雪度假和夏日轻奢露营的品牌特色，产生全年效应，最终实现天定山全季节度假小镇品牌的打造目标。

（六）完善营销宣传体系

紧跟时代潮流，注重营销内容、形式、渠道的精准和创新，构建"线上 + 线下"互动式营销宣传体系。

线上营销方面。第一，整合营销平台资源。将天定山在不同营销平台的夏季与冬季的宣传账号进行整合优化，确保官方营销渠道统一、高效，实现全年持续不间断营销,增强与消费者的黏性。第二,不断创新营销方式。充分利用抖音、微信视频号、小红书等目前比较受关注的互联网社交工具,增强曝光率与互动率,实现人气引流。第三,利用大数据进行精准营销。随着数字经济的兴起,大数据分析已成为企业实施精准营销的高效手段,通过分析各大平台粉丝用户的消费行为特点,可实现营销效率的大幅提高。

线下营销方面。第一,加强线下传统营销渠道的广告投放力度,扩大营销目标群体,实现广泛普及的宣传效应,掀起全民冰雪运动热潮。第二,加强节庆赛事营销。节庆活动及体育赛事的成功举办,既可以产生传播聚集效应,提升滑雪场的形象、传播冰雪文化,又能产生经济收益蜂聚效应,带动关联产业,刺激消费,形成良好的经济效益和社会影响力。

(七) 保障措施

1. 资金保障

完善资金投入机制。一是寻求政府财政资金支持。通过政府补贴、购买服务等方式,对冰雪运动场地、场馆等设施的开放给予资金支持。二是统筹利用现有资金渠道。对未来的酒店、体育馆、图书馆等配套产业项目进行分期建设,合理有序安排自有资金投入。三是引入品牌合作方。实施品牌联营联建,整合优势资源,引入专业团队及具有丰富运营经验的优质品牌方,降低企业投资风险。四是成立产业投资基金。通过政府搭建产业投资平台,引入社会资本赋能冰雪,实现上下游关联产业互促共荣发展。

2. 技术保障

充分依托产学研合作优势,积极对接吉林大学国家级冰雪实验室,在冰雪经济数据信息、高性能冰雪装备新材料以及智能服务技术等冰雪旅游领域展开广泛合作实践,促进科研成果应用转化,全面推动冰雪产业高质量发展。加强与头部科技企业合作,让人工智能、云计算、大数据、区块链、虚拟现实等前沿科技与冰雪运动、冰雪旅游、冰雪装备、冰雪文化、冰雪技能培训等领域相结合,加快天定山滑雪场全方位数字化转型,提高企业管理运营效率。

3. 人才保障

多渠道引进人才。通过高薪资高福利待遇,吸引国内外冰雪行业高端管理人才,给予他们更广阔的职业发展空间，从而实现对滑雪场管理经营理念的革新；加强与行业协会、高等院校、社会团体开展合作，打通专业人才输送渠道，并在薪资、住房、医疗、子女教育等领域提供保障，将人才引进"门"、让人才扎下"根"。

多方式培养人才。加强行业交流，定期组织对外行业交流培训，了解行业发展的前沿动态；提高专业程度，聘用高校专业教师及行业专家开展常态化培训课程，构建"理论＋实践"的教学体系，不断完善人才培养体系。在人才激励方面，一切从用户体验角度出发，以滑雪消费者的体验满意度作为重要的绩效考核标准之一。

4. 组织保障

加强统筹协调。按照"统一思想、整合资源、外引内优、通力协作"的总体思路，整合雪季与非雪季运营管理团队资源，重新梳理组织架构，加强领导统一管理，明确统一目标，积极引入高级人才，不断优化内部管理，强化协同配合，形成组织合力，确保各项工作部署有序推进，以一流的团队组织引领企业一流的发展建设。

强化督导考核。建立监督检查和绩效考核机制，制定年度工作实施方案，细化目标任务，分解工作责任，明确重点工作和项目，督促检查落实，确保各项战略实施举措能有效推进，不断提升企业执行力。

第二节　亚布力滑雪场的运营与管理

一、亚布力滑雪场概况

（一）雪场简介

亚布力是中国滑雪产业的肇兴之地，是全国滑雪产业的领军者和风向标。黑龙江亚布力风车山庄滑雪场是中国首个以市场为导向的滑雪场，标志着滑雪开始由运动竞技模式向市场模式转变，不仅开拓了崭新的市场领域，让滑雪运动进入了产业化运营的轨道，更为所在地区带来了巨大的经济效益和社会效益，许多亚布力滑雪场的拓荒者投身于滑雪行业的建设，逐渐成为这个行业的中流砥柱。

图 6 – 3　亚布力滑雪场

亚布力滑雪旅游度假区位于长白山脉、小白山系、张广才岭西麓中段，由海拔1374 米的大锅盔山、1262 米的二锅盔山和 1000 米的三锅盔山三座连体山峰组成。亚布力滑雪旅游度假区有着良好的区位优势，地处哈尔滨、牡丹江两大城市圈核心和哈牡绥东对俄经贸黄金带上，为滑雪旅游业的大发展带来巨大商机。

（二）发展状况

1．主要项目和配套设施

亚布力滑雪产业主要是以滑雪项目和雪上娱乐项目为主，根据经营和发展需求，又开发了多种经营项目。

目前，亚布力滑雪场主要由亚布力阳光度假区统一经营，雪场主要由新体委滑雪场、新濠阳光度假村滑雪场、亚布力雅旺斯滑雪场组成，这些雪场内部配套有初、中、高级雪道，雪具大厅，吊椅、魔毯等滑雪运载工具，除此之外，还开通了低空滑野雪航线及空中救援，是国内直升机飞行滑野雪首家经营的雪场；滑雪场内还设有健身中心，可以提供网球、排球、篮球、乒乓球等健身场地；除滑雪外，雪场内设有马拉爬犁、雪地摩托、雪上飞碟等娱乐项目。

亚布力以滑雪运动项目为基础，不断扩大经营模式和增加娱乐项目。目前，该地区建成了亚布力熊猫馆、冰雪文化博览馆、文化艺术创业基地、亚布力企业家论坛永久会址、博物馆等文化科学普及的旅游项目，还建成山地自行车公园、雪山水世界、山地游乐园、单板公园、森林温泉馆等集冬夏季休闲娱乐、避暑养生为一体的旅游项目。

亚布力滑雪产业还注重青少年冰雪运动的普及和学习，与哈尔滨大、中、小学合作，推出滑雪教练进课堂、滑雪冬令营、冬奥会大学生志愿者培训等项目，旨在发展该地区研学旅游。

除亚布力滑雪场自身经营的众多项目外，以雪场为依托，周围还开设有星级酒店、商场、酒吧、会务中心等，这些配套设施和亚布力的文旅项目，共同形成了亚布力滑雪场的一条龙式旅游、娱乐、养生、商务交流中心。

2．亚布力滑雪场收费情况

亚布力滑雪产业和服务较多，但是主营产品为滑雪运动，滑雪收费项目一般分为门票、私人教练、装备租赁等。虽然亚布力的滑雪场整合后统一由阳光度假区统一管理，但是，收费情况有一定的差距，其中新体委滑雪场和亚布力雅旺斯滑雪场的收费情况大致相似，新濠阳光度假村的收费相对较高，尤其是私人教练收费情况和节假日的收费。从亚布力滑雪场的整体费用来看，滑雪价格相对较高，尤其是私人教练的收费，具体收费情况见表6－2。

表6－2　亚布力滑雪场滑雪门票及教练收费情况表

收费标准	新体委 （不分节假日）	新濠阳光度假村 （平时/周末/节日）	亚布力雅旺斯 （不分节假日）
2～3 h滑雪（元）	3 h/200	3 h/138/360/460	2 h/150
半天（4 h/元）	300	3 h/300/400/500	300
全天（元）	500	3 h/500/600/700	500
私教2 h（元）	300～500	600～800	280～480
私教4 h（元）	500～800	1000～1400	560～880
私教全天（元）	1200～1500	1500～1800	1288～1488

除上述统一的收费情况价格表外，亚布力滑雪场每年会开展滑雪冬令营，通过调查了解到，滑雪冬令营的收费情况一般是1周5000元左右，按班级进行教学，每班人数在10人左右，配置有教练和生活老师各1名；此外，亚布力阳光度假村还与崇礼万龙度假天堂、吉林北大湖滑雪度假区、新疆丝绸之路国际度假区和陕西鳌山滑雪场组成中国首个滑雪联盟，并推出"2022联盟通滑卡"，购买者仅需2022元即可在这5大滑雪场分别体验一次一体化滑雪旅游服务。

二、亚布力滑雪场高质量发展的困境

（一）旅游产品开发效果不如意

随着人均国内生产总值的大幅度增长，人们的生活质量有了很大提高，越来越多的人喜欢冬季冰雪运动，选择冬季冰雪旅游。因此，"冷资源"已成为"热经济"，冬天不再是阻碍人们旅行的季节。然而，亚布力滑雪旅游度假区对冰雪旅游产品的开发力度还不够，如冰雪旅游产品存在严重的相似性问题，产品以滑雪为主，特点不够明确，冰雕、冰灯、雪雕等具有鲜明民族特色的旅游产品相对缺乏。

中国幅员辽阔，文化差异明显，民族多样性强，游客对不同的文化非常感兴趣，更希望通过旅游了解目的地的文化。亚布力滑雪旅游度假区忽视了当地文化的重要性，由于东北三省历史文化的相似性和气候条件的趋同性，其冰雪旅游产品在发展过程中比较相似，没有自己的特色和亮点。此外，在四季游旅游产品的开发方面也较为局限，借鉴其他旅游企业产品开发程度较大，并没有充分发挥自身森林资源的优势。同时由于亚布力宣传工作较弱，国内外大部分游客提起亚布力只能想到冬季滑雪运动，对于四季游产品的认知极少。

（二）滑雪行业面临竞争和产业升级

伴随着"绿水青山就是金山银山，冰天雪地也是金山银山"两山理论精神的贯彻实施，以及"三亿人参与冰雪运动"愿景的实现，冰雪运动在我国得到了广泛的开展，冰雪经济已经成为区域经济发展的重要支撑。滑雪旅游已经不再是东北三省的专利，内蒙古、新疆、北京、河北、甘肃、贵州等众多省市，都在加速发展滑雪旅游产业。随着人民生活水平的不断改善，冰雪出境旅游也受到国内游客的追捧，根据携程网数据统计，中国游客最喜欢的冰雪旅游的国家前3个分别是日本、瑞士和俄罗斯，国外冰雪旅游胜地不仅限于滑雪，还注重与当地特色文化的融合。如瑞士的"经典汽车"巡演、山地音乐会等活动不仅丰富了冰雪旅游的文化内涵，也增加了游客体验滑雪的吸引力；圣莫里茨滑雪场保留了1928年和1948年冬奥会期间使用的滑雪场地，作为一个旅游景点，吸引了更多的滑雪爱好者。

为了避免产品的相似性，滑雪场正在寻求创新发展，注重突出地方特色，吸引游客的注意力。在后冬奥时代，亚布力滑雪旅游度假区不仅面临着国内的竞争压力，还面临着国内滑雪游客大量外流，以及产业升级改造的挑战。

（三）滑雪社会体育指导员专业人才流动性偏大

亚布力国家级滑雪旅游度假区近几年积极打造四季游的全季旅游新业态，但是由于冬季滑雪旅游爱好者的大量涌入，也凸显了四季游各季节人流不均衡的问题。滑雪社会体育指导员是确保滑雪爱好者安全、愉快完成滑雪旅游的重要保障，也是冬季滑雪旅游旺季，各个级别滑雪场争相招聘的专业人才。

近几年，虽然各大专院校积极培养滑雪旅游经营、管理、指导等各类专业人才，但还是不能满足中国快速发展的滑雪旅游市场对专业人才的需求，由于各个级别滑雪场对滑雪指导员人才的需求竞争，以及滑雪指导员工作的季节性，造成滑雪社会体育指导员专业人才流动性偏大的问题。据资料显示，亚布力新体委滑雪场每年雪季需要200余名滑雪社会体育指导员，这些指导员来自不同行业，体育专业人才只占27.8%。从事滑雪指导工作年限3年以下的占58.6%，其中工作1~2年的最多，多数为在读大学生。

通过数据分析可以看出，现阶段我国存在滑雪社会体育指导员专业人才流动性偏大的问题。亚布力国家级滑雪旅游度假区如何留住和提升滑雪社会体育指导员这一专业人才队伍，拓展他们的专业服务领域，形成稳定的、一专多能的高素质滑雪旅游度假区工作人员队伍，是值得思考的重要问题。

（四）营销渠道较为分散

亚布力滑雪旅游度假区及区内企业主要采用营业推广、公共关系营销、媒体广告等营销方式，线下营销是其最主要的营销模式，而线上营销多以信息展示的形式出现，线上营销与线下营销以相对独立的方式开展，联合营销结构并不完善。2014年，亚布力滑雪旅游度假区打造的"三山联网"体系就已经正式投入使用，对该系统的宣传推广也随之开展，然而该方面宣传仍以线下营销为主，尽管选用线上营销作为基本辅助，但由于对线上营销缺乏重视，资金投入过低，且受限于度假区线上营销能力，线上营销的效果和进展不尽如人意。借助搜索引擎，仅能搜到极少有关"三山联网"的简单介绍，关于"三山联网"的游玩介绍近乎没有，主要的营销推广通过各种线下方式得以实现，借助于营业推广、公共关系营销、传统媒体广告虽然取得了一定程度的营销效果，但并没有达到最初预想。

从现状中能够发现，在网络营销方面，亚布力滑雪旅游度假区发展得并不顺利，仅是应用移动互联技术进行信息的单向传播，在线销售、在线咨询、在线支付等方面的建设并没有取得有效进步。企业之间各自为战，没有一体化的系统对企业进行整合，不能实现资源共享、利益均沾的效果，而单一企业缺乏整合能力和全局意识，度假区又对这一问题关注不足，导致了当前的困难未能获得较好的解决。

三、亚布力滑雪场高质量发展的实施路径

（一）推动旅游资源多元化发展

亚布力滑雪旅游度假区旅游市场环境和旅游者发展多样化，必须在现有产品的基础上，增加旅游产品的多样化和特色化，优化旅游产品结构，加快冰雪资源开发模式转变。人们的消费是为了获得愉悦的心情，放松身心，体验运动的快乐，因此，企业应积极发展研学旅游、健康旅游等多维旅游形式，结合游客需求，加大冰雪旅游产品的开发力度，充分利用具有地方特色的冰雪文化资源，丰富冰雪文化内涵，开发冰雪旅游纪念品、旅游盲盒等新产品。可以通过制作冰灯、雪雕、冰雪滑梯等来满足不同层次游客的需求；打造以冰雪为主题的住宿房间，为游客提供不同的住宿体验；还可以建造冰屋餐厅，游客可以在那里吃火锅，品尝各种东北特色食品。以冰雪娱乐、冰雪运动、冰雪文化等产品为主题，充分发挥"冰雪＋"效应，不断满足消费升级需求，推动旅游资源多元化发展。

（二）树立营销新理念

在互联网大数据快速发展的背景下，数字经济已经成为我国经济社会发展的重要驱动力量，新媒体平台如雨后春笋般涌现，改变了人们传统的消费模式，消费者的需求变得更加多样化、个性化。游客需要更加个性化、便捷化的旅游产品和服务，小红书、抖音等网络社交平台以图形、短视频、直播等多种方式吸引了大量的用户群体，尤其是年轻群体，并影响了平台用户的出行决策。

用户还可以通过体验分享来宣传推广旅游产品和服务质量等，这些消费大数据的汇总可以充分展现冰雪旅游企业的产品特色、经营和服务质量，直接影响其他用户的选择。与传统旅行社服务相比，新媒体平台的宣传推广更具个性化和差异化特征，能够满足用户多样化的需求。

（三）树立品牌新形象

虽然目前亚布力滑雪旅游度假区具有一定的品牌影响力，但是还需要在原有品牌优势的基础上，继续扩大知名度。随着互联网的发展，旅游在线直播方式越来越普及。因此，创新方式应运而生，利用微博、电视新闻和短视频平台等流行社交媒体平台推广冰雪旅游项目；利用网络名人的人气达到宣传的目的；邀请知名滑雪社会体育指导员和滑雪运动员在网上进行现场教学，并与网友互动，打造良好的品牌形象，使之深入人心。

（四）根据参与人群的特征，推出不同形式的消费项目

亚布力雪场的门票是按小时分类的，基本没有其他的消费种类，而在对亚布力消费者的滑雪参与调查中发现，大多数人基本是和亲人朋友一起参与，所以，雪场应该根据参与者的消费需求，适当推出多人团购票和亲子票，满足不同消费者的消费需求，同时，这种消费模式一定程度上加大了人流量。

此外，在滑雪者在亚布力滑雪原因的调查中发现，由于价格合理而选择该雪场滑雪的人数极少，说明价格优势不是亚布力推广的优势，所以雪场应该在未来发展中从价格入手，满足更多滑雪者的选择需求。

（五）进一步完善周边配套服务，完善滑雪产业链

随着亚布力滑雪旅游人数的增加，带动了其周围商业的发展，但是，调查发现，参与滑雪运动的人群对于服装和器械的购买量较少，而滑雪运动恰恰是对服装和道具有一定要求的运动，由此可见，亚布力滑雪商业销售模式需要进一步完善，该地区应该在雪场周围或内部设立大型雪上用品百货市场，对商品的报价进行一定的控制，方便人们购物。此外，滑雪场可以针对雪场周边的民宿、酒店、商场和饭店等开设旅游专线，方便滑雪者在亚布力的滑雪旅游体验，将亚布力的产业链无缝衔接。

（六）完善人力资源管理工作

服务人员是旅游服务产品的主要生产者，要想改善服务质量，就必须完善度假区人力资源管理工作，确保人力资源有效充足供应。加强人员招聘工作，扩大人员招聘范围，满足度假区对员工数量和质量的需求，亚布力滑雪旅游度假区可以通过与黑龙江各大高校合作，引进专业人才，同时积极培养具备营销才能、管理才能等专业知识的复合型人才。通过提升员工福利待遇，强化奖惩机制，提高激励力度，

加强人力资源管理，改善度假区员工工作环境等方法，吸引更加专业的滑雪体育人才担任滑雪社会体育指导员，从而提供更为优质的服务。建立完善的员工培训体系，提高员工服务技能、职业道德水平以及忠诚度，积极开展内部培训，邀请相关领域的专家开展讲座等，从而提升已有员工的素质水平。

第三节　太子岭滑雪场的运营与管理

一、太子岭滑雪场基本情况

（一）雪场简介

太子岭滑雪场地处四川省阿坝藏族羌族自治州茂县九鼎山风景区内，距成都市160公里，从成都驱车前往需2.5小时，从汶川县至茂县213国道旁上行盘山公路至九鼎山自然保护区青龙坪即可到达。滑雪场海拔2750米，共拥有总长4.2千米的滑雪道，每日可接待滑雪者超5000名。太子岭滑雪场隶属阿坝太子岭投资有限公司，滑雪场项目由经验丰富的DGA公司和MAS公司联合规划设计，这两家公司曾分别负责冬奥会的设计和全球各大知名滑雪度假区的修建改扩工作。太子岭滑雪场是集旅游、休闲、运动于一体的专业高山滑雪场，于2013年1月21日开业，目前已经运营了10个雪季。

图6-4　太子岭滑雪场

2013年1月开放的区域面积仅为规划面积的6.9%，滑雪场总体规划面积为35

平方千米，分为三期建成。目前有 8 条滑雪道，其中初级道 3 条共长 480 米，最低坡度 6.7%，最高坡度 8.3%；中级道 2 条共长 300 米，最低坡度 15.6%，最高坡度 23.3%；高级道 3 条共长 2700 米，坡度平均在 17.7% ~ 37.8% 之间，最高坡度为 58%，滑雪道总计 4.2 公里，单日最多可容纳滑雪者 5000 人，滑雪场目前拥有造雪机 8 台，压雪机 2 台，造雪炮塔 1 个，造雪枪 10 个，索道 1 条，魔毯 7 条。

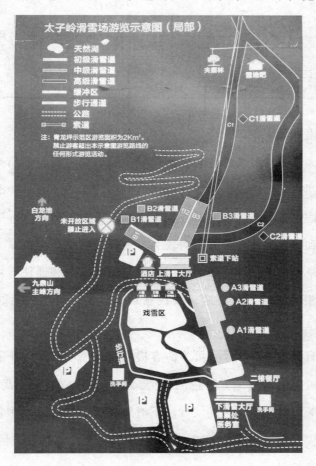

图 6 - 5　太子岭滑雪场游览示意图（局部）

（二）供给服务

太子岭滑雪场作为西南地区最专业的高山滑雪场，分别设有上、下两个滑雪大厅，提供约 2000 副雪板，既能保证滑雪爱好者享受畅快的滑雪体验，也有对于初学者十分友好的设施区域。滑雪场配有专业的滑雪学校，有超过 100 名滑雪教练，并且根据教练员的等级、滑雪者技术水平和不同人群设计了适合各类游客的滑雪课程，不仅有一对一的滑雪课程，更有为情侣、朋友、家庭、团队等提供一对多的滑雪课程服务，下面是太子岭滑雪场及滑雪学校价目表。

表6-3 太子岭滑雪场滑雪/戏雪价目表

时段/类别	平日（元）	元旦/春节（元）	优惠政策
两小时	240	320	
超10分钟	10	15	周末工作日同价
超1小时	60	90	自带雪具门市价9折
全天	360	500	婴儿免票、1.2米以下半票
雪船/雪片	50	100	
雪圈（按次收费）	20	30	

（三）配套设施

从成都前往太子岭滑雪场的交通较为便利，从成都出发经蓉昌高速、从汶川县至茂县213国道到达九鼎山风景区，自驾用时约2.5小时。太子岭滑雪场目前在滑雪场内及上山路途中各类酒店餐饮配备较为丰富，雪场内有四星标准鹤鸣庄假日酒店可以提供住宿和餐饮，住在滑雪场内较为方便，酒店位于上滑雪大厅旁，靠近中级道，睡醒即可享受滑雪乐趣，山下汶川县城、茂县县城和通往雪场的半山腰还有各式特色民宿及滑雪酒店，各类酒店及民宿风格各异，可以满足顾客不同的住宿需求。

滑雪场内共有滑雪餐厅3个，可为游客提供餐饮需求，鹤鸣庄假日酒店观景餐厅紧邻滑雪场，可提供极具地方特色的各类天然无污染食材，如高原牦牛肉火锅、野菜、高山野菌等极具藏羌特色的饮食。下滑雪大厅的餐厅除了中餐、米粉等简餐之外，还为游客提供免费的就餐区域，游客可自带方便小火锅、方便米饭等食用。

（四）人员及其他

组织架构是根据职务、责任、权利等要素在组织各部门及各层级之间建立相互关系的结构，负责工作分配、权责分工和内部协调等。太子岭滑雪场由阿坝太子岭投资有限公司运营，该公司隶属于成都恩威投资（集团）有限公司，主要股东有四川正隆置业有限责任公司、成都泽洪管理咨询有限公司、成都杰威康实业有限公司。

阿坝太子岭投资有限公司结构有董事会、监事、总经理及其下设的各职能部门和业务部门等，由总经理办公室牵头，分别有工程、场地、安保、滑雪学校、餐饮、酒店、物业设备、财务、雪具租赁、开发、环卫、网络运营等部门配合协调工作，总经理办公室直接向总经理汇报工作，并管辖其余职能部门。公司总的部门设置较为详细，各部门职责较明确，在这种类似直线制的分权制组织形式下，滑雪场的管理体系较为集中统一，高层管理人员的行政事务相应较少，但总经理办公室团队负有管辖其余部门的职责，团队过于核心，团队成员在一定程度上来说职责过于庞大，在组织管理中不利于充分发挥出各部门专业人员和管理机构的作用。

二、太子岭滑雪场的劣势

（一）硬件设施有待改善

太子岭滑雪场目前在硬件设施方面相较大型的滑雪度假区还显得很不完备，目前滑雪场有造雪机 8 台，压雪机 2 台，造雪塔炮 1 个，造雪枪 10 个，魔毯 7 条，索道 1 条，拥有初级道 3 条，中级道 2 条，高级道 3 条，乘坐索道上高级道预计 12 分钟左右，戏雪乐园一个。据太子岭相关管理人员介绍，2023 年太子岭滑雪场还在不断建设阶段，没有完全建成，运营的位置只是示范区，后续也会继续完善硬件设施和雪道扩建。

当下滑雪产品的经营和开发受场地等限制，仅能提供较为基础的雪上游乐设施，缺少种类的多样性，难以满足不同类型消费者的需求；滑雪场配套服务设施过于简单，滑雪场内有一家四星标准鹤鸣庄假日酒店，共计客房 71 间，提供住宿和餐饮，根据很多游客的反馈，雪季订房较为困难，常需要提前一个月预订，雪场内的酒店和餐厅的接待能力有待提高。

在交通接驳方面，太子岭滑雪场位于林区，距离成都市区有一定的距离，且上山有半小时的盘山公路，弯道较多，对驾驶技术有一定的要求，对于外地游客或者驾驶技术一般的游客而言往返交通是一个问题。

（二）管理体系有待加强

目前，滑雪场内的各项管理相比大型滑雪度假区仍有较大提升空间，在体系建设方面需加强，包括器材设备、人员管理、物资等各方面。

首先，是关于各类器材的管理，滑雪场单板租赁较为火爆，滑雪场在周末、节假日等客流量大的情况下会存在单板供应不足的问题。其次，是关于滑雪安全的管理，滑雪场初级道人流量较大，碰撞问题时有发生，滑雪场在安全方面的提示除了横幅之外，也要加强其他方式的安全预警，同时加强医疗保障；滑雪场售票大厅工作人员存在漏给、错给押金手环等问题，雪具大厅雪具租赁工作人员也存在漏扫手环、与游客冲突等现象，可定期开展各类员工培训，提高员工专业度与细致程度等。最后，是关于滑雪学校内教练的管理，目前滑雪场内的教练员是由部分专职教练员、部分校企合作的相关专业学生构成，具有教练资格证的比例较少，流动性较大，且教练员内部竞争激烈，滑雪学校的整体质量有待提高。

（三）品牌影响力较小

太子岭滑雪场从 2013 年雪季开始营业，目前仅运营了 10 个雪季，运营时间较短，在前期可能存在目标定位不清晰的情况，导致很多营销方面的重点会出现偏离重心的问题。滑雪场虽然获得了很多滑雪爱好者的喜爱，但前期对目标受众群体缺少清晰准确的分析，初期的品牌意识不强，并且没有相应的品牌监测指标来进行反馈。近年来，虽然通过举办主题活动和赛事等方式来推广，打响知名度，在全国范围来说知名度还不够，与北方大型滑雪度假区相比还未形成一个较有影响力的品牌，在全国范围内的影响力有待提高，品牌价值未得到完全体现。

（四）营销手段单一

目前，全球滑雪场的发展态势是向集群化方向发展，各地都在进行资源整合，以形成更大的竞争实力，国内的滑雪度假区也在呈现这一势头，并且随着区域化旅游市场的发展，各个地区都在打造区域性的旅游品牌以提高区域竞争力。市场开发竞争较大，太子岭滑雪场也存在营销方面的问题，整体的宣传力度较小，近几年才开始注重宣传，通过微信公众号、官网、短视频平台等新媒体形式宣传，但也并不具备独特的有效性，没有形成滑雪场与消费者双向的有效沟通渠道，消费者无法及时获取有效信息，宣传效果事倍功半。

（五）服务质量有待提高

首先，是服务意识的缺失，缺少很多细节方面的考虑。例如没有提供一次性的鞋套；存在受伤的滑雪者不能第一时间得到医疗帮助的情况；对于初次前来的各类游客没有积极热情地提供帮助，存在需要帮助时找不到工作人员或者反馈较慢的情况。当下，区域内滑雪场的竞争较大，初次体验感对于重游率有重要的影响，服务意识的提升对于提高顾客忠诚度必不可少。

其次，是服务态度需提升。在售票窗口和租赁窗口会出现与顾客发生口角的情况，部分原因是工作人员缺少耐心与细致的态度，缺少服务行业的专业态度。

最后，是服务过程有待提升。要让顾客从进入滑雪场到离开的整个过程都感受到专业又热情的服务，从服务方面提高滑雪场的核心竞争力。整个滑雪场的服务机制也缺少相应的监管机制，投诉建议机制也不完善。

三、太子岭滑雪场运营管理战略保障

（一）组织结构方面的保障

为了有效进行发展规划，在发展战略执行过程中组织结构方面的保障是非常关键的保障资源，需要适当高效的组织结构以贯彻其发展战略，科学的组织结构不仅可以有效地分配其内部资源，还可以帮助其适应外部环境，是实现太子岭滑雪场发展战略目标的基础。因此，对于太子岭滑雪场的组织结构可以进行进一步的优化组合，为其发展战略的有效实施提供组织保障。

如今，太子岭滑雪场新的组织架构做出了一些调整，总经理下设置两名副总经理，分管各部门工作，不再由总经办牵头各部门的工作。

将场地部和开发部合并为场地运营部，负责滑雪场后续拓建与开发等业务；由于酒店住宿和餐饮零售同属一类性质，工作内容相近，可合为酒店餐饮部，方便集中管理，也有助于提高工作效率；安保部、工程部、环卫部与物业设备部四个部门整体改组成为物业部，负责滑雪场整体的物业管理工作，提供安保、环卫和工程方面的后勤保障；雪具租赁并入滑雪学校，滑雪学校除继续履行其职责外，还负责滑雪场整体的雪具租赁业务；增设人力资源部负责太子岭滑雪场所有人力资源相关事务，包括员工培训、晋升等；新增营销部负责滑雪场整体的营销宣传及对外公关等职责；网络运营部改名为信息技术部，为滑雪场提供整体的网络技术支持。太子岭滑雪场更改后，整个管理体系更加清晰系统，各司其职，高层团队减去烦琐的行政事务，专注于企业发展，各部门整合机构设置，减去臃肿，在各部门负责人的带领下更加专业地开展各部门工作，为滑雪场后续扩大发展提供组织保障。

（二）人才方面的保障

首先，很重要的一点就是高层管理团队（TMT）的构建。关于太子岭滑雪场的高层管理团队的组建，从异质性角度出发可以考虑年龄、工作年限、家庭背景、教育背景、职业背景等因素，团队多样化的教育背景和职业背景可以使太子岭滑雪场拥有更多的信息渠道来源，不同的专业出身会使团队有更高的信息甄别和解释能力，并且认识的多样性可以催生差异化的问题应对方案，也会提高决策质量；从同质性角度出发可以考虑团队成员的价值观、人生信念等因素，这样可以在一定程度上解决异质化会产生的团队恶性冲突问题，会使团队内沟通更加顺畅，团队凝聚力也较高，有利于快速形成有效决策。

其次，是基层工作人员方面的保障，这里指滑雪场运营过程中直接与游客接触的工作人员。由于现代经济的发展不断向体验经济靠拢，游客在游玩过程中会非常看重自己的体验效果，这也很大程度上影响到游客的重游率和忠诚度。

滑雪场作为服务行业，尤其要注重直接与顾客接触的工作人员的素质与专业度培养，例如从进入自然保护区收取大门票开始的体验，到滑雪场入口的停车场安保人员对自驾游客的引导，入口工作人员对游客的指引，留下游客的初印象体验；雪具大厅收费窗口工作人员专业热情、细致地服务到每一位不同的游客；雪具、滑雪服、防护用具、储物柜等租赁退还过程中工作人员的准确细致；滑雪教练安全专业的教学；酒店及餐厅员工体贴的服务等。从游客进入景区到离开的整个过程，基层的工作人员与游客的接触都需要优质专业的服务做保障。

最后，是关于滑雪场人才的流动性与流失率，要在人力方面提供最大的保障，务必要加强滑雪场在雪季和非雪季的人才巩固，要加强对员工核心价值观的培育，避免因社会因素产生的人才流失；滑雪场自身也要不断在各方面自我提升，减少因组织因素的人才流失。因此员工的薪资、发展路径、各种保障措施也要跟上，其中依附于九鼎山丰富的非雪季运营项目也是对管理人才和技术人才留用、吸引的方法之一。

为了提高员工对滑雪场的归宿感，增强员工的主人翁意识，雪场管理层可积极采取有效的用人机制和激励机制。在后续发展中公司可将股份奖励给在滑雪场工作达到一定年限的员工，未达标准的员工若想获得公司股份也可采取认购的方式，这一举动也可提高员工的积极性和对滑雪场的认同度和归属感，从而减少人员流动。

（三）运营方面的保障

首先，是产品方面的保障。目前滑雪场提供的滑雪活动较为单一，提供的冰雪产品比较适合学习型的滑雪游客，对于体验旅游型的游客在冰雪游乐产品方面不能很好地迎合需求，可以通过新产品的开发，例如开发雪爬犁、雪地滑车、雪上四驱车等冰雪活动，或者进行冰雪产品复合组合，将滑雪和观光、亲子娱乐、度假、保健等组合在一起，形成多种元素的复合型产品，增加太子岭滑雪场的产品实力。除了冰雪产品外，还要考虑接驳产品的提供，例如，在雪季增加茂县县城或成都市区到滑雪场往返大巴数量和班次，为非自驾类游客提供交通产品。滑雪场内部的酒店、餐饮各项产品也需要提升，首先是增加滑雪场景区内的酒店数量，提高接待过夜游客的能力；其次是增加酒店类型，为不同消费能力的游客提供适宜的住宿标准；滑雪场内也要提供更加丰富多样的餐厅饮食，例如简易西餐、快餐、有机轻食等，还可以开设奶茶店、鸡尾酒吧等产品。

其次，是网络宣传渠道和沟通渠道等的保障。随着科技和互联网技术不断革新，网上购买行为似乎已经成为每个人的日常，越来越多的游客选择在各代理网站上购买滑雪票，太子岭滑雪场应除了传统的现场售票、旅行社代理及一级票务代理渠道，加强与优质第三方互联网平台以及互联网热门社群的合作。

滑雪场也要建立自身的智能化渠道，通过官方网站、官方微博、微信公众号等官方后台提供票务、接驳交通等产品，提供便捷、人性化的购买便利，充分用好互联网这个巨大平台，让游客参与网络宣传，确保网络宣传渠道的有效贯通。

游客作为滑雪场的衣食父母，直接决定着滑雪场的运营状况，滑雪场必须重视与游客之间的信息对称，构建好与消费者之间的双向沟通渠道。首先要通过这个沟通渠道将太子岭滑雪场的产品、价格、购买等信息直接传达给消费者，同时通过这个渠道可以接收消费者的反馈意见，沟通雪场游客感情，提升游客忠诚度，更有利于滑雪场及时发现自身运营管理存在的问题。

在太子岭滑雪场的官方网站、官方微博、微信公众号这些平台上要及时进行信息更新，与消费者积极互动，也要设置相应的意见与建议区，获得游客滑雪产品及服务的评价，及时收取游客的信息并回应，同时根据数据分析，随时调整自身的产品、服务，从而提升游客的自我价值感，确保沟通渠道起效用。

最后，是公共关系方面的保障。公共关系是指在组织与公众之间通过一系列慎重而有计划的良好交流举措，来建立并不断保持相互理解的关系。滑雪场作为开展体育运动的场所，非常适合举办多种多样的活动和体育运动，通过组织和举办一系列高水平赛事活动和各类主题活动，给人以专业滑雪场的深刻印象，同时体现滑雪场承办赛事的实力，提升滑雪场的知名度和美誉度，扩大太子岭滑雪场的品牌宣传效果。

附 录

中国滑雪场所管理规范

（2017 年修订版）

国家体育总局冬季运动管理中心

第一章 总 则

第一条 制定本规范的目的及依据

为了加强对滑雪场所开发、经营的指导、监督、检查，促进滑雪运动及滑雪场所健康、安全、有序发展，保障滑雪者的人身安全和滑雪场所及滑雪者的切身利益，特重新修订《中国滑雪场所管理规范》（以下简称《规范》）。

主要依据下列文件精神：

（一）《中华人民共和国体育法》。

（二）《全民健身条例》。

（三）《第一批高危险性体育项目许可管理办法》。

（四）《经营高危险性体育项目许可管理办法》。

（五）中华人民共和国国家标准（GB）《体育场所开放条件与技术要求》第 6 部分：滑雪场所（修订版）。

（六）《中国滑雪协会章程》。

（七）《国际雪联高山滑雪国际竞赛规则》。

（八）国际雪联颁布的《滑雪者行为规则》。

第二条　《规范》中采用的术语

（一）滑雪场所

向社会开放，具有运营资质，能够满足人们进行与滑雪有关的训练、比赛、健身、休闲等活动的场所（包括室外滑雪场和室内滑雪馆）。

（二）滑雪者

穿着滑雪器材在滑雪场地运动的人员。

（三）滑雪器材

滑雪器材是指滑雪运动时所使用的相关器材，包括滑雪板、滑雪鞋、固定器、滑雪杖以及滑雪服装、滑雪帽、滑雪手套、滑雪头盔、滑雪镜、滑雪护具等。

（四）滑雪场设备

主要指在滑雪场地配置的器械设施，包括滑雪索道、拖牵、魔毯、压雪机、造雪机、雪地摩托等。

（五）滑雪道与滑雪场地

滑雪道是指开展滑雪活动的专门区域。滑雪道一般是条带状，分为初级滑雪道、中级滑雪道、高级滑雪道及越野滑雪道等。

滑雪场地一般是指一个特定的经过修建可供滑雪专用的区域。不同的滑雪项目有不同的滑雪场地，如高山滑雪、越野滑雪、跳台滑雪、单板滑雪及野雪滑雪场地等。

在天然降雪十分丰沛的山区，国际雪联把滑雪道分为标记滑雪道（相对稳定的有管理的雪道）；无人巡查的滑雪线路（只是从起点至终点指出一条滑行的线路方向，雪道无人管理与巡查）；雪道外滑雪区（野雪、树林中滑雪区）。

（六）终点停止区

指滑雪道终端滑行停止区域。

（七）滑雪指导员

是指向滑雪者传授滑雪运动理论和技能，以及指导安全滑雪的人员（须经过专业培训并取得国家颁发的有效资格证书）。

（八）高危险性体育项目

指在体育运动中存在高危险性的项目。2013 年国家体育总局等五部委联合公布第一批高危险性体育项目中包括了高山滑雪、自由式滑雪、单板滑雪。国家规定高危险性体育项目需要实施"行政许可"。

第三条　滑雪场所适宜开展的滑雪项目

（一）现代滑雪运动中适宜开展的滑雪项目主要有：

1. 高山滑雪。

2. 单板滑雪。

3. 越野滑雪。

4. 雪上技巧类项目。

（二）具备条件的滑雪场所也可以开展登山滑雪和野雪滑雪运动。

第四条　滑雪场所的行业管理

向社会开放的各类滑雪场所，按照《经营高危险性体育项目许可管理办法》的要求，均由所在地县级以上体育行政管理部门实施行政许可，并纳入行政管理。

如经营需要在滑雪场所区域内设置住宿、餐饮、文化娱乐及索道（拖牵、魔毯）运转等服务设施，则需经相关行业部门许可并接受其行业管理。

第二章　滑雪场所的开发建设

第五条　开发建设滑雪场所的基本程序

（一）有符合实际的《项目立项建议书》《可行性研究报告》或《规划》；

（二）有环保部门的《项目环保评估报告》；

（三）有发展和计划部门的《项目立项批件》；

（四）有土地、林业部门的土地使用及砍伐树林的许可；

（五）有工商部门的工商注册；

（六）获得体育行政管理部门的专业核准并取得高危项目经营许可证。

第六条　滑雪场所的规划设计

（一）滑雪场所的规划设计应当把握的原则：

1. 资源节约、环境保护原则。

2. 安全第一、服务大众原则。

3. 顾客至上、注意细节原则。

（二）鼓励滑雪场所向规模化发展。

（三）滑雪场所的生活服务设施要服从于"滑雪"理念和实际需求。

（四）滑雪场所的规划设计要有专业人士参与并需经过论证。

第七条　大众滑雪道及滑雪场地的基本条件

（一）大众高山滑雪和单板滑雪

1. 室外滑雪道总面积不低于 6000 平方米；室内滑雪道总面积不低于 3000 平方米。

2. 雪层压实之后的厚度应不少于 30 厘米，雪面上不得有裸露的土石等杂物，雪层表面不得形成冰状。

3. 在滑雪道滑行终点设立停止区，并安装安全防护设施。新建初级道的停止区长度不能少于 40 米；已建成的雪场，停止区长度不足 40 米的，需在原有防护措施基础上加装防护措施。

4. 初级滑雪道要平整宽敞，平均坡度不超过 10°。

5. 中级滑雪道平均坡度在 10°~18°，最大坡度不超过 22°。

6. 高级滑雪道平均坡度超过 18°，最大坡度超过 22°。

（二）开发建设高级滑雪道要把握的原则

1. 总占比不宜过大。

2. 宁宽勿窄。

3. 与赛事相结合。

4. 便于人工造雪和压雪。

5. 雪道交会处要视野宽阔不能有视觉障碍，不能出现逆行交叉。

（三）其他项目的滑雪场地

设计建设"U"形场地、公园场地、追逐场地、雪上技巧场地等滑雪场所，应设独立场地，须修建在宽阔无障碍并方便救护的地段，经由专业人士设计。

娱乐性项目，如雪圈、雪地摩托、雪上自行车等，要有各自独立的滑行线路，禁止与高山滑雪道共用。

第八条　竞技滑雪道

计划承接专业竞赛的滑雪道、滑雪场地，在规划建设中应符合该项目的国际雪联竞赛规则或当次（项）比赛的竞赛规程要求，并取得国际雪联或相关赛事主办方的雪道认证。

第九条　滑雪场所的配套服务设施

（一）要有向上运送滑雪者的设备（如索道、拖牵、魔毯等）。

（二）有人工造雪系统用来保证雪的厚度且没有暴露的土石。

（三）有平整滑雪道的专用机械设备（如压雪机）。

（四）为架空索道提供输送电力的备用发电设施，以提供双保险措施。

（五）滑雪场所内的交通、餐饮、住宿、娱乐、滑雪者运力、滑雪道面积等所有设计，要与接待能力配套一致。

第三章　滑雪场所的运营

第十条　滑雪场所的名称

滑雪场所可以有不同的称呼，如滑雪场、滑雪度假区（村）、滑雪运动基地（中心）等。但应该"名副其实"，不能随意冠名"国际""亚洲""中国""国家"等词汇。在滑雪场所的 LOGO 设计上也须遵循此原则。

第十一条　滑雪场所的标识

（一）滑雪场所内需设立公共指示标识，并符合相关要求。

（二）有规模的滑雪场要设立醒目的向导示意图、服务流程图，标明场区范围、各条滑雪道、各条索道、服务大厅、救护处、卫生间、咨询处及其他服务设施所在位置。

（三）滑雪场地及滑雪道上的标识

在滑雪场地及滑雪道上应设有规范、醒目的滑雪专项标识。

1. 滑雪道等级的标识

滑雪道可以用直线也可用曲线表示。高级道用黑色，中级道用蓝色，初级道用绿色，没有管理的滑行线路用黄色表示。若某一条滑雪道包含两种以上级别，可分别用不同颜色分段标明。

2. 滑雪索道用直线表示，两端也可用圆形、方形或菱形图案表示。索道的种类可用相应形象图标明。

第十二条　滑雪场所环境卫生要求

滑雪场所的建设与经营须始终体现环保理念，其污水处理、垃圾转运、降低噪音、空气质量保护等必须遵守国家相应的环境保护要求。

第十三条　滑雪场所的生活服务

滑雪场所提供的基本服务包括以下内容。

（一）设有滑雪器材的出租服务，并提供穿戴场所；

（二）设有衣物存储柜；

（三）须配备滑雪社会体育指导员；

（四）设有医务急救室，并配备专用急救器材；

（五）设有热饮与方便食品、快餐服务；

（六）设有男、女卫生间；

（七）设有至少覆盖全部滑雪索道的广播设施；

（八）设有对外通信设施并确保信号畅通；

（九）室外滑雪场要提供避寒的室内场所及当日天气预报；

（十）公共区域应保持清洁，行走路面要有防滑措施；

（十一）设有全方面的安全提示及实用的安全设施。

第十四条　滑雪道的开放

（一）对滑雪道上滑雪者密度的要求

为保证安全，原则上在初级道、中级道和高级道上滑雪者的数量与滑雪道面积比例为：初级 1 人≥50 平方米，中级 1 人≥70 平方米，高级 1 人≥80 平方米。

（二）滑雪道表面不得有裸露的土石、树桩、杂物等障碍物；雪道两侧山体间，如有对滑行者构成安全隐患的岩石、岩壁及建筑物等，应采取防护措施。

（三）野雪道应在雪量充足的环境下开放，以保证没有土石外露，并在入口处应有醒目的限制水平低的滑雪者进入的警告；如果雪量不足或存在雪崩危险时要及时关闭。

（四）索道的运行时间应有告示，滑雪道的开放和关闭时间以索道的运行时间来确定和执行，雪上巡逻队员要在索道停止运行后对各滑雪道进行巡视，确保没有滑雪者滞留。

（五）夜间开放滑雪场所，灯光的亮度要均匀不刺眼，不能有逆向光。夜场滑雪道灯光的平均水平照度应不低于 80 勒克斯（Lx），最暗处不能低于 50 勒克斯（Lx）。

第十五条　滑雪道的养护和机械设备的保养

（一）每年非雪期要对滑雪道进行割草、平整、排水沟清理。

（二）索道等设备要定期维修、维护，每年通过行业年检后才能投入使用。

（三）压雪机、雪地摩托车等机械要派专职人员维护、保养。

（四）每年雪季前要对防护网、杆进行检查以确保可以安全使用，待雪季结束后把安全网收入库中，防止其因暴晒失去抗拉强度。

第四章　滑雪场所的安全管理

第十六条　滑雪场所安全管理体系建设

（一）滑雪场所法定代表人是滑雪场所安全防范的总责任人，其安全意识和执行力对滑雪场所安全体系的建设与操控至关重要。

1. 具有确保滑雪场所各项工作的安全意识。

2. 有保护滑雪者的责任，包括健全预防措施和对意外伤害事故的及时组织救助。

3. 通过建立健全岗位责任制度、安全管理与救护制度及设备设施维护制度等，使安全管理落实到位。

4. 对滑雪者的安全提示包括：《滑雪者须知》《滑雪者行为规则》，以及禁止标识、提示标识、警示标识、救援信息标识等。

5. 配齐配强雪上巡逻队员。

一定数量的雪上巡逻队员是雪场减少事故发生和及时救助的保证，根据我国目前滑雪者的实际水平，可以按照雪道面积和滑雪者人次作为参照进行配置。

6. 重视安全教育和培训，做好安全防范的应急演练。

（1）对遭受意外伤害的滑雪者进行正确救助，避免二次伤害。

（2）对滑雪技术指导员规范教学的培训将有助于滑雪者兴趣的培养。

（3）对滞留在空中缆车上人员的施救演练。

（4）其他方面的安全培训，包括食品卫生、消防、人群疏散等。

（二）滑雪场所的保障设施

1. 需配备滑雪指导员，有规模的雪场可设立滑雪学校。

2. 有医务处置室和急救设备，包括救生船和救护车辆等。

3. 有对外通信设备和信号覆盖。

4. 室内滑雪场所要保证通风和安全防火设备。

5. 公共区域要有防滑设施。

6. 在陡坡和危险地段要有监控设备。

（三）滑雪场所安全保障措施

1. 在公共区域内醒目位置设有《滑雪者须知》《滑雪者行为规则》。

2. 大型雪场要有场区示意图，内容包括索道、雪道难度显示。

3. 在中、高级雪道的入口处应该标注该雪道的等级、坡度（包括平均坡度和最大坡度）以及滑雪道的长度。

4. 包括索道操作员、雪上巡逻队员、滑雪指导员在内的各岗位都应成立安全工作小组，并要制度上墙。

5. 有各项应急预案。

6. 与其他相关部门，如救助医院等建立联动机制。

7. 滑雪场所要树立投保公共责任险意识，并积极倡导滑雪者投保。

第十七条　滑雪者行为规则

（一）尊重原则：每位滑雪者都应该遵循以下行为准则，绝不能做出将会损伤或致使他人受伤的行为。

（二）自控原则：每位滑雪者都应当让自己的滑行处于可控范围之内。其滑行速度和方式应当和其个人滑雪水平相符，并且应根据地势、雪质、天气和雪场人口密度来选择以何种方式滑行。

（三）选择安全线路原则：后方滑雪者务必要选择不危及前方滑雪者的线路滑行（前方滑雪者有雪道使用的优先权）。

（四）超越原则：从后方或侧方超越其他滑雪者时，请保持足够的安全距离。

（五）进入雪道、启动、爬坡原则：滑雪者在进入雪道、在滑雪中途稍作休息重新开始，或者向坡上攀爬时，务必保证不危及自己及其他人的安全。

（六）停止地点原则：除非必须，滑雪者应避免停留在雪道中间、赛道、狭窄的雪道、视线易受阻的地方，若经过上述地点，请尽快通过。

（七）两侧行走原则：如需在雪道上行走时，请务必在雪道两侧行走。

（八）注意警示标识原则：请滑雪者务必对警示标识、禁止标识、提示标识保持足够的重视。

（九）协助原则：一旦遇见事故，每个滑雪者都有义务去帮助受伤的人。

（十）事故确定身份原则：事故后的滑雪者或者目击者，无论是否有相关责任，都应在第一时间联系滑雪场救护人员，并应该彼此留下联系方式。

第十八条　滑雪场所的雪上巡逻队员

（一）雪道面积在5万平方米以下的滑雪场所需至少配备2名雪上巡逻队员；根据雪道面积，每增加4万平方米，至少增加1名雪上巡逻队员。

（二）雪上巡逻队员在当天运营前、运营中和运营结束后都要巡查线路，以清除滑雪道障碍物，并确保当天运营结束后滑雪道上没有滞留的滑雪者。

（三）雪上巡逻队员要对滑雪场所内的警示、指示标识进行布设和维护。同时有对安全网、杆进行架设和及时清理维护的责任，对存在的安全隐患要及时排解和上报。

（四）雪上巡逻队员对不文明滑雪者、酗酒后滑雪者、中高级道"滑降"滑雪者有劝告其离开滑雪道的义务。

（五）雪上巡逻队员对现场救护负有责任。

（六）雪上巡逻队员应当接受红十字会的救护培训并考取救护员资格证。

第十九条　滑雪场所的滑雪指导员

（一）滑雪场所配备滑雪指导员的数量要充分保证实际需要，不得少于5人。

（二）滑雪指导员须持有国家颁发的有效资格证书上岗工作。

（三）滑雪指导员在教学过程中应本着安全第一的原则帮助学员正确使用滑雪器材和选择适合的滑雪线路。

（四）对学员超出自身水平范围的危险行为有警告和劝阻的义务。

（五）滑雪指导员在工作期间遇到意外伤害事故，对伤者有救护的义务。

第二十条　滑雪场所对滑雪者的提示

滑雪场所应本着保护滑雪者人身安全的原则设置导向图、禁止标识、警示标识、指示标识等。

（一）设置平面图，标明索道、雪道、停车场、医疗救护、卫生间等具体情况。

（二）在索道山下站明确乘坐须知、索道开放和关闭时间，设置"禁止摇晃""放下护栏""禁止吸烟"等提示标识。

（三）在索道山上站通往滑雪道的明显位置标注出滑雪道的级别、平均坡度、最大坡度及滑雪道的长度等详细情况，以便于滑雪者了解和把握。

（四）在滑雪道的起点、终点及中途应根据实际情况设置"减速""前方合流""救助电话×××××"等警示提示语。在禁止滑行的雪道的起点应有"雪道封闭"等提示或标示。

（五）在售票处或其他醒目的地方张贴《滑雪者安全须知》《滑雪者行为规则》。

（六）滑雪场所应按照《规范》的要求统一标识。

（七）利用广播及时播报滑雪安全知识，积极倡导文明滑雪。

（八）室外滑雪场应提供当日天气预报。

第二十一条　滑雪场所安全网、防护垫的要求和标准

（一）安全网的作用及种类。

安全网有保护、警示、导向、分割、阻拦的作用。按照功能不同，滑雪场所通常使用A网、B网、C网。

（二）安全网的标准。

安全网对保护滑雪者至关重要，所以滑雪场所必须根据实际需要架设一定数量的安全网。A网网高：2.5～4米；B网网高：2～2.5米；C网网高：1～1.5米。A网、B网、C网的功能、网孔径大小、线径及抗拉强度等都有着明确的生产标准，各滑雪场所必须安装合格产品。承接赛事的滑雪场所其安全网（杆）的设置须取得赛事主办方的认证。

（三）安全网、防护垫应该设立在有安全隐患的危险地段。

1. 雪道侧面有障碍物地段；

2. 明显危险源暴露地段；

3. 雪道侧面陡峭地段；

4. 拖牵、索道有必要的地段；

5. 中、快速转弯处的雪道两侧；

6. 中、高级雪道两侧的必要地段；

7. 禁止滑行的入口；

8. 能冲出范围的终点停止区；

9. 滑雪道内的设施，如索道立柱、变电箱等；

10. 在滑雪道和向上运送滑雪者的魔毯之间要有安全网隔离。

（四）大众滑雪道的安全网与障碍物之间至少要有 1.5 米的安全距离。

第二十二条　滑雪场所设施、设备的安全规范

（一）索道、拖牵、魔毯等运送滑雪者的设施应当按照行业标准建设、安装，并定期保养、检修。

（二）索道操作人员须取得国家相关职业资格证书，滑雪场所要按照设备使用标准配备工作人员，要制度上墙。

（三）操作人员在岗期间要坚守岗位，并对进入运送系统的滑雪者负责。如因脱岗或疏忽未能及时发现和处理发生的意外伤害，操作人员应负主要责任。

（四）索道、拖牵、魔毯的工作人员要保证山下站和山上站地面平整，使滑雪者顺畅安全进出。

（五）压雪车应配备专职司机操作，并应在雪道关闭时进行工作。雪地摩托车除因抢救进入滑雪道，在雪道开放的其他任何时间都禁止驶入。

（六）对压雪车、雪地摩托车及其他机械应定期进行维修保养，定期检查，以保证安全使用。

（七）用运输车运送滑雪者，应单独开辟通道，并与滑雪道保持安全距离。

第二十三条　滑雪器材的安全管理规范

（一）滑雪场所应积极倡导滑雪者佩戴头盔。

（二）滑雪场所向滑雪者提供的滑雪器材必须符合安全要求，没有获得产品质量合格证的滑雪器材和开裂、变形等存在安全隐患的滑雪器材不得用于经营。

（三）滑雪器材管理员，有责任为滑雪者选择合适的滑雪器材并进行调试，并告知滑雪者如何正确使用滑雪器材。

（四）滑雪场所要按时对滑雪器材进行维修、保养，确保器材完好。

（五）在滑雪场所内设置其他娱乐项目，应接受相关行业的管理。

第二十四条　比赛与其他活动的安全规范

（一）比赛滑雪道的确定

在滑雪场所比赛，须得到滑雪场所管理者的许可，在指定的区域进行比赛。

（二）滑雪道的关闭

1. 滑雪场所管理者在必要时有权封闭比赛区域的雪道，与比赛无关人员一律禁止入内。

2. 滑雪场所管理者在雪道封闭时，应在滑雪场所主要地点、比赛区入口等位置张贴告示。

（三）比赛区域的管理义务

比赛主办方受滑雪场所管理者的委托，在被封闭的比赛区域内负有管理责任。

（四）雪道的现场检查

比赛主办者为了参赛者的安全，要对比赛雪道进行充分的现场检查。

（五）熟悉雪道

1. 参赛者在充分熟悉比赛雪道后，方能进行比赛。

2. 参赛者要根据天气、雪面条件、比赛雪道的布局及障碍物等情况，预测比赛中可能遇到的危险。

3. 在符合比赛的条件下参赛者自愿参赛，并签订免责条款。

（六）执行《滑雪者行为规则》

参赛者与比赛有关人员，要按照比赛主办方的规定进行活动，并执行《滑雪者行为规则》。

（七）滑雪场所组织举办的其他活动，须按比赛的安全规则进行。

第五章　滑雪场所的经营许可管理和监督检查

第二十五条　滑雪场所经营许可的管理

经营滑雪项目应向当地县级以上体育主管部门申请高危险性项目经营许可证。

具体办法按《经营高危险性体育项目许可管理办法》相关规定执行。

第二十六条　滑雪场所的监督检查和法律责任

（一）对滑雪场所的监督检查由颁发经营许可的县级以上体育部门组织实施。具体办法按《经营高危险性体育项目许可管理办法》相关规定执行。

（二）提供住宿、餐饮服务的滑雪场所，由当地旅游、食品监督、消防等部门按照各自的行业管理要求进行监管。

（三）设有常驻医疗机构的滑雪场所，由当地医管部门按照规定监管。

第二十七条　对滑雪场所的处罚

按《经营高危险性体育项目许可管理办法》相关规定执行。

第六章　附　则

第二十八条　本《规范》的解释权

本《规范》的解释权归国家体育总局冬季运动管理中心和中国滑雪协会。

第二十九条　本《规范》的实施日期

本《规范》自公布之日起实施。

第三十条　本《规范》的附件

本《规范》共有 4 个附件，与本《规范》具有同等效力。

经营高危险性体育项目许可管理办法

(2014 年 9 月 1 日国家体育总局令第 19 号、

2016 年 4 月 29 日国家体育总局令第 22 号修改)

第一章 总 则

第一条 为了规范经营高危险性体育项目行政许可的实施，保障消费者人身安全，促进体育市场健康发展，根据《中华人民共和国体育法》《中华人民共和国行政许可法》《全民健身条例》等有关法律、法规，制定本办法。

第二条 本办法所称经营高危险性体育项目，是指企业、个体工商户从事按照《全民健身条例》规定公布的高危险性体育项目的经营活动。

第三条 经营高危险性体育项目实施行政许可。

第四条 对经营高危险性体育项目实施行政许可，坚持以下原则：

保障消费者人身安全；

规范发展体育市场；

公开、公平、公正；

处罚与教育相结合；

经济效益与社会效益并重。

第五条 国家体育总局指导全国范围内经营高危险性体育项目行政许可工作，会同有关部门制定、调整高危险性体育项目目录，并经国务院批准后予以公布。

县级以上地方人民政府体育主管部门负责本行政区域的经营高危险性体育项目行政许可工作。

第二章　申请与审批

第六条　经营高危险性体育项目，应当具备下列条件：

（一）相关体育设施符合国家标准；

（二）具有达到规定数量、取得国家职业资格证书的社会体育指导人员和救助人员；

（三）具有安全生产岗位责任制、安全操作规程、突发事件应急预案、体育设施、设备、器材安全检查制度等安全保障制度和措施；

（四）法律、法规规定的其他条件。

第七条　企业、个体工商户经营高危险性体育项目的，应当在工商行政管理部门依法办理相关登记手续后，向县级以上地方人民政府体育主管部门申请行政许可。

第八条　申请经营高危险性体育项目，应当提交下列材料：

（一）申请书。申请书应当包括申请人的名称、住所，拟经营的高危险性体育项目；

（二）体育设施符合相关国家标准的说明性材料；

（三）体育场所的所有权或使用权证明；

（四）社会体育指导人员、救助人员的职业资格证明；

（五）安全保障制度和措施；

（六）工商营业执照；

（七）法律、法规规定的其他材料。

第九条　县级以上地方人民政府体育主管部门应当自收到申请之日起30日内进行实地核查，做出批准或者不予批准的决定。批准的，应当发给许可证；不予批准的，应当书面通知申请人并说明理由。

第十条　许可证应当载明以下事项：

（一）经营机构负责人姓名；

（二）经营机构名称；

（三）经营场所地址；

（四）许可经营的高危险性体育项目；

（五）社会体育指导人员和救助人员规定数量；

（六）许可期限。

第十一条　许可证有效期为五年，样式由国家体育总局统一制定。

第十二条　许可证载明事项发生变更的，经营者应当向做出行政许可决定的体育主管部门申请办理变更手续。体育主管部门同意的，为其换发许可证。

第十三条　许可证到期后需要继续经营的，经营者应提前30日到做出行政许可决定的体育主管部门申请办理续期手续。体育主管部门同意的，为其换发许可证。

第十四条　有下列情况之一，做出行政许可决定的体育主管部门应当依法注销许可证：

（一）经营终止；

（二）许可证到期。

第十五条　已经许可、注销和依据本办法第二十八条吊销许可证的，做出行政许可决定的体育主管部门应当向社会公示。

第十六条　许可证遗失或者毁损的，应当向做出行政许可决定的体育主管部门申请补领或者更换。

第三章　监督检查

第十七条　上级体育主管部门应当加强对下级体育主管部门实施行政许可的监督检查，及时纠正行政许可实施中的违法行为。

县级以上地方人民政府体育主管部门应当对经营者从事行政许可事项的活动实施有效监督。

监督检查不得妨碍被许可人的正常经营。

第十八条　县级以上地方人民政府体育主管部门对经营高危险性体育项目进行检查时，体育执法人员人数不得少于两人，并出示有效的行政执法证件。未出示有效证件的，经营者有权拒绝检查。

第十九条　体育执法人员应当将监督检查的时间、地点、内容、发现的问题及其处理情况做出书面记录，并建立执法档案，将各项检查记录和处罚决定存档。

第二十条　经营者应当将许可证、安全生产岗位责任制、安全操作规程、体育设施、设备、器材的使用说明及安全检查等制度、社会体育指导人员和救助人员名录及照片张贴于经营场所的醒目位置。

第二十一条　经营者应当就高危险性体育项目可能危及消费者安全的事项和对参与者年龄、身体、技术的特殊要求，在经营场所中做出真实说明和明确警示，并采取措施防止危害发生。

第二十二条　经营者应当按照相关规定做好体育设施、设备、器材的维护保养及定期检测，保证其能够安全、正常使用。

第二十三条　经营者应当保证经营期间具有不低于规定数量的社会体育指导人员和救助人员。社会体育指导人员和救助人员应当持证上岗，并佩戴能标明其身份的醒目标识。

第二十四条　经营者对体育执法人员依法履行监督检查职责，应当予以配合，不得拒绝、阻挠。

第二十五条　国家鼓励高危险性体育项目经营者依法投保有关责任保险，鼓励消费者依法投保意外伤害保险。

第四章　法律责任

第二十六条　未经县级以上地方人民政府体育主管部门批准，擅自经营高危险性体育项目的，由县级以上地方人民政府体育主管部门按照管理权限责令改正；有违法所得的，没收违法所得；违法所得不足3万元或者没有违法所得的，并处3万元以上10万元以下的罚款；违法所得3万元以上的，并处违法所得2倍以上5倍以下的罚款。

第二十七条　经营者取得许可证后，不再符合本办法规定条件仍经营该体育项目的，由县级以上地方人民政府体育主管部门按照管理权限责令限期改正；有违法所得的，没收违法所得；违法所得不足3万元或者没有违法所得的，并处3万元以上10万元以下的罚款；违法所得3万元以上的，并处违法所得2倍以上5倍以下的罚款；拒不改正的，由做出行政许可决定的体育主管部门吊销许可证。

第二十八条　违反本办法第二十条、第二十一条、第二十二条、第二十三条规定，由县级以上地方人民政府体育主管部门责令限期改正，逾期未改正的，处2万元以下的罚款。

第二十九条　违反本办法第二十四条规定，由县级以上地方人民政府体育主管部门责令改正，处 3 万元以下的罚款。

第三十条　县级以上人民政府体育主管部门工作人员在实施行政许可过程中，玩忽职守、滥用职权、徇私舞弊的，依法追究刑事责任。

第五章　附　则

第三十一条　在高危险性体育项目目录公布前，已经开展目录中所列高危险性体育项目经营的，经营者应当在目录公布后的 6 个月内依照本办法申请行政许可。

第三十二条　具体实施办法由地方根据实际情况制定。

第三十三条　本办法自 2013 年 5 月 1 日起施行。